广东小康相册

（1978—2020）

《广东小康相册》编写组◎编

南方日报出版社
NANFANG DAILY PRESS
花城出版社

中国·广州

图书在版编目（CIP）数据

广东小康相册 ： 1978—2020 / 《广东小康相册》编写组编. —广州 ： 南方日报出版社， 2020. 12
ISBN 978-7-5491-2224-0

Ⅰ. ①广… Ⅱ. ①广… Ⅲ. ①小康建设－广东－图集 Ⅳ. ①F127.65-64

中国版本图书馆 CIP 数据核字(2020)第 185484 号

GUANGDONG XIAOKANG XIANGCE(1978—2020)
广东小康相册（1978—2020）

编　　者：《广东小康相册》编写组
出版发行：南方日报出版社
地　　址：广州市广州大道中 289 号
出 版 人：周山丹
出版统筹：谭庭浩　阮清钰
责任编辑：蔡　芹　陈　焱　李佳航　黄敏虹
责任技编：王　兰
责任校对：裴晓倩
封面设计：水玉银文化
装帧设计：肖晓文　邓晓童
经　　销：全国新华书店
印　　刷：广东鹏腾宇文化创新有限公司
开　　本：889mm×1194mm　1/32
印　　张：9.875
字　　数：300 千字
版　　次：2020 年 12 月第 1 版
印　　次：2020 年 12 月第 1 次印刷
定　　价：98.00 元

投稿热线：（020）87360640　　读者热线：（020）87363865

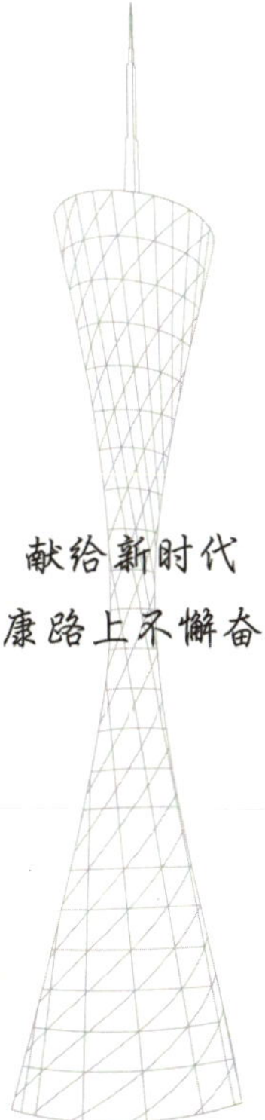

献给新时代

献给在小康路上不懈奋斗的人们

序　言

“民亦劳止，汔可小康。惠此中国，以绥四方。”

小康，是中华民族的千年梦想，寄托着人民对美好生活的向往。在领导中国人民逐梦前行的道路上，中国共产党的政治追求和传统中国千年的政治理想高度契合。如今，全面建成小康社会胜利在望，中华民族伟大复兴向前迈出了新的一大步。

作为改革开放的排头兵、先行地、试验区，广东也是建设小康社会的先行者。在党中央的坚强领导和大力支持下，广东凭借敢为天下先的闯劲，逐梦小康，砥砺奋进，为人民美好生活的愿景不懈奋斗。

改革开放初期，广东还是一个相对落后的农业省份，人均地区生产总值甚至没有达到全国平均水平；到2019年，广东地区生产总值已突破10万亿元，连续32年稳居全国首位。从1978年的百端待举，到2020年全面小康的如期而至，广东社会面貌发生了翻天覆地的变化，人民生活得到了巨大的改善。这一段波澜壮阔的广东社会发展史，汇聚成一幅盛世图景；而这盛世图景，最终都微缩为一个个时代印记，反映在人民的美好生活之中。

本书并不着眼于宏大的历史叙事，而立足于人民生活的微观变化，希望以平常而生动的照片，定格历史的瞬间——一个动人表情、一个生活细节、一个经典场景……让读者撷取时间长河里的浪花，以小观大，见微知著，回眸过去，注视当下，想望未来。

循着本书的脉络，广东的小康建设历程徐徐展开。在纵向上，广东全面建设小康社会进程经历了解决温饱、总体小康、全面建设、攻坚补短四大阶段；在横向上，广东的小康不只是“吃好穿好”的简单层面，还是经济、文化、社会、生态多维度全方位的小康。这里有靠勤劳双手致富的农民，有怀揣美好生活梦想打拼的工人；有高楼大厦的现代风尚，有夜市摊档的生活气息；有引领全国的流行文化，有复苏激活的传统民俗；有日新月异的城乡面貌，有重焕活力的绿水青山……透过这些影像，时代的履痕跃然纸上。

我们还配了简明的“画外音”，希望读者通过这些文字，更为深入地感受影像背后南粤大地四十多年波澜壮阔的宏大背景，领略广东“闯”的精神、“创”的劲头、“干”的作风和“美”的生活。

是为序。

编者

2020年11月

目录
CONTENTS

壹 1978—1991

衣食足　共温饱 001

岭南春早 ◆ 002

衣食渐丰 ◆ 014

奋发求知 ◆ 030

勇闯新路 ◆ 038

文体新葩 ◆ 046

共建家园 ◆ 052

贰 1992—2001 沐东风　奔小康 063

勃勃生机 ◆ 064

粤乡新韵 ◆ 078

市井百态 ◆ 092

锦绣芳华 ◆ 110

叁 2002—2011 深砥砺　笃前行 123

繁荣乡村 ◆ 124

活力城市 ◆ 134

文教实事 ◆ 150

共享幸福 ◆ 166

绿色同行 ◆ 188

肆 2012—2020
新时代　新征程 201

富民兴村 ◆ 202

齐头并进 ◆ 220

文化聚力 ◆ 234

服务惠民 ◆ 256

生态宜居 ◆ 274

特区新貌 ◆ 292

壹

1978—1991

衣食足　共温饱

这是改革开放的探索时期，也是提出建设小康社会的开始，是百端待举的过渡阶段。

在党中央的领导及政策优势的鼓励下，广东在此阶段积极探索，以大无畏的勇气打破旧体制和旧观念，鼓励人民群众发展生产，进行一系列以市场为导向的经济体制改革，放手发展多种经济，实现了全省总体实力的崛起，在经济、文化、社会民生、环境生态等方面的建设都取得了重要发展。同时，广东人民的生活水平从跨越贫困到解决温饱，为建设小康社会提供了动力。

岭南春早

20世纪70年代末至90年代初，是广东改革开放逐步发展的重要时期，也是提出建设小康社会的开始。广东作为建设小康社会的先行者与试验田，敢为天下先。省委、省政府团结带领全省人民“先走一步”，对外开放，率先推进社会建设事业，解决了群众的温饱问题，为摆脱贫困进而跃升至全国第一经济大省打下了良好基础。

▲ 1978年 新会 朝霞照葵林

葵乡的农民一大早划着小艇来到葵林，开始了一天辛勤的劳作。1978年12月，党的十一届三中全会召开，作出了把工作重点转移到社会主义现代化建设上来、实行改革开放的重大决策，广东的经济也重新焕发出勃勃生机。

▲ 1979年　四会　机器过处苗成行

四会县农机一厂的工人到田间征求意见，和村民一起鉴定插秧机的插秧质量。

▲ 1979年　花县　劲高迎春耕

广东率先推行“五定一奖”（即定劳力、定地段、定产量、定成本、定工分到作业组，超产奖励）生产责任制，把农民个人利益同集体利益联系起来，调动了农民的积极性。《人民日报》发表文章，认为这项措施走在全国前列，是中国农业体制改革的最初实验。图为花县农民深受鼓舞，干劲十足，热情投入繁忙的春耕中。

▲ 1979年 广州 机械化养鸡场

该养鸡场的设备由爱国华侨捐赠，并请美籍养鸡专家指导。每年可供鲜鸡蛋近135万千克、肉鸡36万只，产量与设备都在全国名列前茅。

▲ 1979年　东莞　金谷稻香飘满场

东莞提高科学种田水平，建立了四级农业科学研究网，大力培育、推广优良品种，改善耕作制度与栽培方法，提高农业机械化、农副产品加工机械化的水平，机耕面积达六成以上，喜获粮食大丰收。

▲ 1981年 东莞 香蕉大丰收

岭南佳果香蕉是东莞特产，麻涌香蕉尤为有名。累累硕果，小朋友忍不住要试挑一下。

▲ 1980年　梅州　农贸集市恢复了

山区小城梅州虽然略为偏远，但改革春风已吹到，集市渐成规模，群众可放心买卖，不用像以前那样担心要被“割资本主义尾巴”。

▲ 1981年 高州 服务员推销点心

20世纪80年代初，承包制从农村引入城市。高州饭店的服务员主动推着点心车满街推销，多劳多得的新政策，大大提高了她们的工作积极性。

▲ 1983年　南海　养鸡致富

这位勇于创业的南海农民从事畜牧副业，靠养鸡挣了不少钱，盖了小楼，为了节省场地，直接在楼顶上饲养鸡只。

▲ 1983年 台山 摩托车运鸡蛋

一位当地农户因为家庭联产承包责任制而勤劳致富，新买了价格不菲的摩托车，满载鸡蛋运往市场售卖。

▲ 1983年　台山　外国记者来采访

美国哥伦比亚广播公司的记者远涉重洋，来到台山采访并拍摄推行家庭联产承包责任制后农民大丰收的场景。

▲ 1989年 深圳 下班的女工

凯达玩具厂的女工下班后，拿着饭盒去饭堂。她们大多数是从农村进入都市打工的新一代，青春的笑容、轻快的步伐，仿佛在展示她们追求美好生活的梦想。

衣食渐丰

在改革开放之后，广东大力发展商品经济，繁荣市场供应。人民群众的生活就像倒着吃甘蔗，愈吃愈甜，城乡居民的衣、食、住、行、用日益丰富，生活必需品由凭票供应到进入超市选购，消费不断升级，老百姓的生活水平逐步提高，开始从“温饱”向“品质”转变。

▲ 1979年 惠阳 洲冷岛打出淡水井

洲冷岛是一个小海岛，淡水非常难得，岛上的大队干部带领群众打出第一口淡水井，清甜的井水甜在大家的心头。

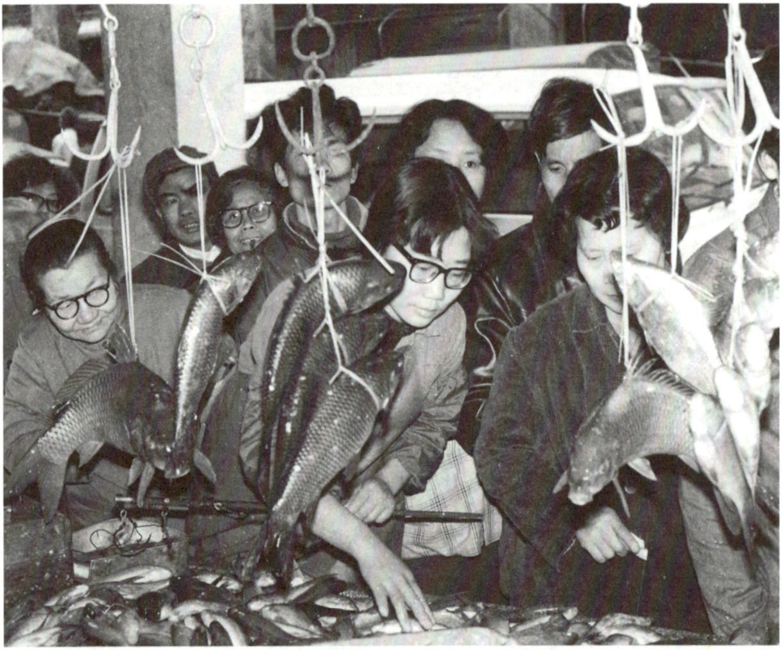

▲ 1979年　广州　菜市场鱼档

在20世纪六七十年代，由于供应紧张，广州人要凭票买鱼。1978年改革开放之后，市场的供应逐渐充足，广州开放鲜鱼市场，市民再也不用为买鱼而一大早去排队。1984年上映的电影《雅马哈鱼档》，从艺术的角度讲述了几个青年合伙开鱼档，创造美好生活的动人故事。

▲ 1980年 海康 养牛万元户

1980年9月，中共中央印发《关于进一步加强和完善农业生产责任制的几个问题》的通知。一部分农民积极完成农活的同时，努力从事副业，先富了起来。湛江海康（今雷州）覃斗镇农民蔡其华一家，种田之余，致力饲养母牛，年收入加起来超过一万元，成为当地少有的“万元户”之一。

▲ 1981年　珠海　石景山旅游中心的咖啡厅

改革开放之后，市民开始尝试一些较为洋气的生活方式。这家合资经营的旅游中心，内设装修别致的伞形咖啡厅，吸引了不少爱尝新的人士前来品尝这种当时还甚为稀罕的饮料。

▲ 1982年 广州 友谊商店超级商场

得益于优惠政策，友谊商店在全国率先开设了超级商场，顾客进入商场后，可自行在琳琅满目的货架上挑选，一时客似云来，生意兴隆。

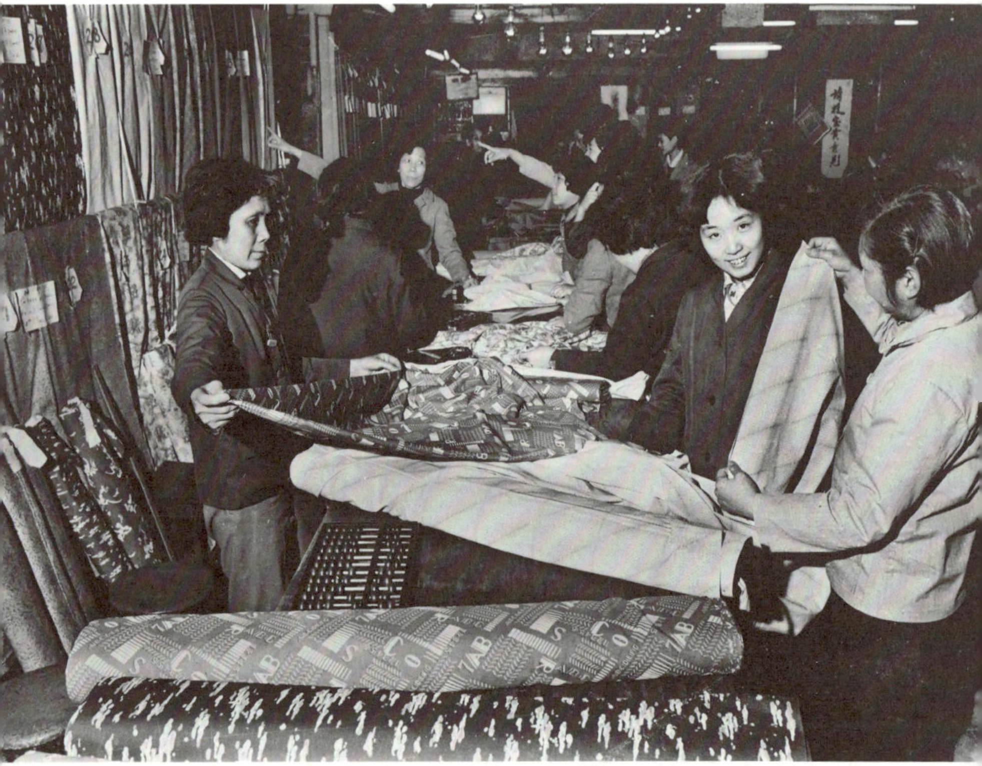

▲ 1982年 广州 布铺买“的确良”

20世纪七八十年代，市场很少售卖成衣，大多数人都要凭布票到百货商店或布铺买布，然后找裁缝量体裁衣。“的确良”是英文dacron（涤纶）的粤语音译，用它做的衣物耐磨不走样、易洗易干。对当时只熟悉单一灰暗的棉麻粗衣的中国人来说，这种面料很时髦洋气，能买上一块“的确良”布料做衣服，是很惬意的。

▲ 1983年 广州 买电视机

20世纪80年代的“四大件”（电视机、录放机、洗衣机、电冰箱），不仅价高，而且难买，有时候要“走后门”才能弄到购买券。

▲ 1984年　中山　长江乐园的飞车

这个全国首家游乐场，除了各种机械游乐项目，还有山野情趣盎然的活水泳池、水上滑梯、儿童戏水池和激流探险等水上游乐项目。

▲ 1986年　广州　泰康路乘花车的新人

除了拍婚纱照，新人在婚礼当天乘坐花车驶过市区街道亦流行一时。

▲ 1986年　五华　农民喜迁新居

这位贫困山区五华县的农民（左一）因祖上都是配猪种的，不会种田，被人看不起，穷得连老婆都回娘家住了。1986年，他凭着祖传的手艺富起来了，盖了新房，老婆也回来了，他蹲在沙发上，笑得见牙不见眼。

▲ 1987年 广州 西湖路灯光夜市

20世纪80年代，西湖路灯光夜市是全国的时装集散地，各地客商前来采购时装，再销往全国，不少从事服装贸易的广州个体户在此掘到了第一桶金。

▲ 1987年　广州　自助餐厅

为了换换口味和尝鲜，一些富裕的市民到旋转餐厅吃自助餐，有人还兴奋地掏出相机拍照。

▲ 1988年 东莞 汽车进村

那时候小汽车难得在乡下停留，所以麻涌大桥举行通车典礼时，第一台开进水乡的出租车被村民围得水泄不通，车上踩满了小孩子的脚印。

▲ 1988年　中山　农家小孩练钢琴

沙溪有近百户先富裕起来的农家给儿女们买了钢琴，还不惜重金从广州和北京聘请钢琴教师教子女学琴。

▲ 1990年 广州 西关“叹茶”

“一盅两件”（一壶香茶、两件点心）是广式早茶的俗称。带上家中老少，或者约上三五老友，早上去茶楼“叹茶吹水”（喝茶闲聊），是老广精致惬意的休闲生活方式。

奋发求知

改革开放初期，政治环境开始变化，思想观念随之开放，南粤大地掀起了一股读书求知的热潮，成为全国迎接科学春天的报春花。到20世纪八九十年代，不少岭南优秀学子更是得风气之先，走出国门到海外求学，回来报效国家。

▲ 1978年 广州 送书下乡

“文革”结束后，人们求知求学的热情高涨，对书籍的需求有如井喷。新华书店组织了流动车队，运送书籍到交通不便的乡村，以满足当地人民对知识的渴求。

▲ 1979年　广州　围观DNA模型

华南师范学院附属中学生物科研小组制作的DNA（脱氧核糖核酸）模型，吸引了众多中小学生前来观看探讨。

▲ 1979年 台山 农民图书馆

侨乡台山在海外华侨的帮助下，建起了宽敞的乡间图书馆，墙上的宣传画与埋头读书看报的读者，都在说明“科学的春天到来了”。

▲ 1980年　广州　夜校补课

20世纪80年代初，许多从农村返城的知青，在工作中体会到知识的重要，常常是一下班就直奔夜校补习文化，有时候上完课才吃晚饭。

▲ 1982年 茂名 圩日听讲座

趁圩的山区农民购置生活用品之余，扶着自行车在街边认真听讲座，及时了解最新的农业技术。

▲ 1985年　广州　函授部学生操作计算机

在1984年的上海微电子技术展览会上，邓小平发出了“计算机普及要从娃娃抓起”的号召，全国掀起了学习微机的热潮。图为华南师范大学函授部数学专业的学生，在参加面授课程中熟练操作计算机。当时的计算机硬件很昂贵，软件也不多，难得有机会上机练习。

▲ 1991年 广州 第四届全国书市

当年8月，第四届全国书市在广州出口商品交易会举行。这是广州首次举办全国书市，读者、出版机构热情很高，开幕当天展销大厅万头攒动，人流如潮，盛况空前。

勇闯新路

兴办经济特区，是党和政府为推进改革开放和现代化建设作出的重大决策。1980年，中共中央、国务院先后批准在广东成立深圳、珠海、汕头经济特区。经过改革开放大潮的塑造和商品经济熔炉的锤炼，广东的经济特区不仅创造了令世人惊叹的物质文明奇迹，也铸就了“敢闯敢试、敢为人先、埋头苦干”的特区精神。珠三角地区还利用地缘优势，大力发展“三来一补”等产业，为广东的经济发展注入了新活力。对外开放成为这一时期广东最令人瞩目的发展经验与成就之一。

▲ 1978年 东莞 太平手袋厂

太平手袋厂是全国第一家“三来一补”企业，从1978年落户太平镇（虎门）到1996年12月清算结业，19年的时光在改革开放进程中具有非凡意义，也是东莞走在改革开放前沿的重要标志。

▲ 1979年　深圳　蛇口“第一爆”

10月4日，随着一声震天动地的巨响，蛇口五湾和六湾之间的一座小山坡顿时被掀起，一股爆炸的巨浪冲天而起。这次爆破，炸出了6万立方米的土石方，为蛇口开发建设全面展开创造了条件，成为建设深圳特区的“第一爆”，更被誉为我国改革开放的“第一爆”。

▲ 1980年 深圳 铲平罗湖山

特区建设者决定先开发罗湖，当年10月开始，铲平罗湖山项目在罗湖桥北侧开工。搬走罗湖山，为特区取得了0.8平方公里的发展用地。

▲ 1981年　深圳　振奋人心的口号

作为改革开放的“试验田”和“窗口”的深圳经济特区，曾诞生过许多突破思想束缚、催人奋进革新的口号，蛇口招商局办公楼前的“时间就是金钱，效率就是生命”就是其中之一。这句口号折射出“发展就是硬道理”与“追求效率”的理念，是特区突破阻力、杀出一条血路精神的集中体现，犹如令人振奋的声声春雷，给人希望与动力。

▲ 1984年 珠海 建设中的拱北区

1980年8月，珠海设立经济特区，当时的面积仅有6.81平方公里，到1983年扩大到了15.16平方公里。位于该市香洲区东南部的拱北，陆路与澳门相连，是“一国两制”的交会点，在20世纪80年代前后开展大规模建设，逐渐发展成最繁华的中心城区。

▲ 1991年 珠海 情侣路初现新颜

情侣路北起中山、珠海边界，南至湾仔，全长37公里，是一条珠江口沿岸线路，也是香洲区的主干路。历经20年的建设，这条依山傍海、风光秀美的大道已成为珠海这座浪漫之城的城市名片。珠海的象征“珠海渔女”雕塑，就位于情侣路的中段。

▲ 1984年 汕头 新建的迎宾路

竣工不久的迎宾路，平坦宽敞，暂时还没有通车，两旁还是大片郁郁青青的农田。这条康庄大道在建成之后，成为汕头的幸福之路，有力地支援了特区的建设。

文体新葩

广东是体育强省，改革开放以来，群众体育事业进入高速发展期，体育设施有了很大改观。南粤儿女在各类赛事中勇夺奖项。文艺方面亦再次抽枝发芽，传统的粤剧漂洋过海，远赴异国展现新风采；至于新兴流行音乐的发展与传播，更是在国内独领风骚。

▲ 1982年 深圳 工业区工人锻炼

蛇口工业区的工人建起了体育俱乐部，组织了多个健身团队，在繁忙的工作结束后，抓紧时间锻炼身体。图为沿着工业区海滨道路跑步的工人。

◀ 1983年　广州足球巾帼在训练

中国女子足球在20世纪80年代初期兴起，广东省组建女子足球队时，据说吸引了近千名女子足球爱好者报名，可见足球在南粤影响之大。

◀ 1988年　顺德农民女篮冠军队

在广东省首届农民篮球赛上，顺德县均安镇女子篮球队九战九胜，勇夺冠军。这支由清一色蚕桑姑娘组成的地道农民篮球队，此前已夺得全国农民篮球赛的“三连冠”。

▲ 1987年 广州 第六届全运会

获得金牌的女子花样游泳队。姑娘们组成六角星，象征六运会的顺利举行。

▲ 1982年　广州　云雀奖颁奖盛会

20世纪80年代，因为有毗邻港澳的优势，广东的流行音乐实力雄厚，影响遍及全国，太平洋影音公司就是其中一支劲旅。为了繁荣音乐事业，该公司从1981年起设立云雀奖，每年评选一次，表彰优秀的演唱者和演奏者。

▲ 1982年 “南国红豆”越重洋

粤剧表演艺术家红线女、陈笑风领衔的广东粤剧团，应加拿大、美国华侨机构邀请，不远万里，到两国多个大城市进行了为期两个月的访问演出。这是新中国成立之后粤剧首次走出国门，向旅居美、加的华侨展示粤剧改革的成果，受到了当地侨胞的热烈欢迎。

共建家园

在建设小康的道路上，为了防止环境质量恶化，实现人口、环境与经济的协调发展，广东推行可持续发展战略，增创建设富裕小康的环境优势。广东人民认真贯彻环境保护的基本国策，积极防止污染，改善生活与生态环境，使全省的小康建设踏上了可持续发展之路。

▲ 1979年　东莞　大沙田重焕生机

东江引水工程建成后，虎门的大沙田再也不怕旱涝，农田一派生机勃勃的喜人景象。

▲ 1982年　广州　监测大气质量

20世纪80年代初，广州市已颇有环保意识，开始用流动环保监测车在市内进行大气监测。

▲ 1983年 电白 海滨绿色长城

20世纪50年代，电白县建造了中国第一条沿海防护林带，锁住风沙保丰收。岭南画派大师关山月曾经根据当地景色绘制了名画《绿色长城》。经过多年的育林，到了80年代，林带更加郁郁葱葱。

▲ 1983年 海康 土壤普查

海康的甘蔗种植闻名全国，国营农场为保证今后的蔗糖生产，定期检查土壤。

▲ 1984年 南海 清洁河涌赛龙舟

南海九江镇上的这条河涌，昔日是污水熏人的臭水沟，经过整治清理已经变得清澈干净，甚至可以在喜庆日子里举行龙舟赛。

▲ 1984年　南海　鹭鸟乐园

南海九江镇璜玑乡的一处鱼塘土墩，竹林蓊郁葱翠，因为环境优美，乡民与鸟相亲，成为可媲美新会小鸟天堂的鹭鸟乐园。

▲ 1985年 南海 桑基鱼塘焕发新生机

桑基鱼塘是珠三角一种独具地方特色的农业生产形式，因其生产上形成良性的循环而出名，盛产蚕桑、塘鱼、甘蔗。这种具有独特创造性、集多种生产类型于一体的生态循环经济模式，可以低耗、高效地精耕细作，对生态环境“零污染”。图中的桑基鱼塘在当地农民的精心疏浚培育下，美丽如画，生机勃发。

▲ 1988年 深圳 水处理设备

获得过“全国环境优美工厂”称号的深圳水质厂，机械化和自动化程度很高，能将浊水变清流，使这座南方新城保持洁净的环境。

▲　1989年　德庆　山村风景美如画

地处山区的德庆县曾是广东省水土流失最严重的县份之一，水土流失面积占全县面积的16.8％，经过十几年的植被恢复和水土保持，全县的水土流失状况得到控制和明显改善。山村的耕地面积因此而扩大，农民的生活水平也随之提高。

1992—2001 贰

沐东风　奔小康

这是中国改革开放历史上一个崭新的阶段。广东全省人民在达到温饱之后，在省委、省政府的带领下，继续朝着实现现代化的目标前进。尤其在1992年邓小平南方谈话后，广东抓住契机，进一步扩大开放，加快经济发展的步伐，纵深推进各项政策，人民生活水平得到大幅提高。凭借社会主义市场经济体制带来的发展活力，广东经济、社会、文化、生活等都风生水起，有了长足的发展，稳居全国经济第一大省，民众生活达到了总体小康。

勃勃生机

邓小平南方谈话让广东进一步解放了思想，广东确立了赶超亚洲“四小龙”的使命。“发展才是硬道理”，全省各种基础设施建设大跨步前进，掀起了开发的热潮，城乡面貌也发生了翻天覆地的变化。随着对外开放的深入，各地基层党政干部充分发挥聪明才智解决问题，社会呈现出一派风生水起的气象。

▲ 1992年 珠海 首次重奖科技人员

“科学技术是第一生产力。”珠海在国内开先河，隆重举行了科技重奖颁奖大会，对以奉献拼搏精神，脚踏实地、埋头苦干，为特区经济建设作出突出贡献的科技人员给予汽车、住房、巨额奖金的奖励。珠海科技重奖的意义远超物质奖励本身，更重要的是为知识分子提供了一个展现自身价值的舞台，吸引更多才俊前来建设特区。

▲ 1992年　汕头　“二二六”补贴住宅区

在国家“六五”计划提出“进行出售住宅的试点工作，鼓励个人买房”的背景下，汕头市实行“三三四”“二二六”（即政府和企业单位各补贴30%/20%，个人支付40%/60%）的住房改革政策，率先在全国推出了住房商品化的新模式。从1984年至1992年，共建成32 200套住宅，解决了11万多城市居民的住房问题。

▲ 1992年　珠海　联岛大堤合龙

1988年，珠海提出西区大开发战略。经过一番论证，决定将大港口选在西南端的高栏岛，并修建连通南水岛和高栏岛的联岛大堤。联岛大堤的修建以及珠海大道的建设，掀起了开发的热潮，奠定了珠海经济腾飞的基础。

▲ 1993年 珠海 珠海大桥通车盛景

20世纪90年代，广东大力推进以改渡建桥等为主的建设，许多跨江跨海大桥在这一时期兴建。珠海大桥连通了珠海市区和高栏岛，对开发西区具有重要的意义。

▲ 1992年 南海 农村姑娘成为设计师

随着农村工业化的推进，一方面工厂需要农村的土地，另一方面原来务农的农民有的进厂打工，有的“洗脚上田”自己做老板，“丢荒”现象越来越多。面对农村工作出现的新问题，1992年，南海推行农村土地股份合作制改革，将土地集中起来，折成股权。农民按股分红，充分享受改革发展的红利。这一改革被称为“南海模式”，有学者甚至称之为“中国的第四次土地改革”。

▲ 1992年 广州 《羊城论坛》

5月2日，广州市人大常委会办公厅与广州电视台举办第一期《羊城论坛》（禁止烟花爆竹大家谈），至2020年已举办超过200期，是“提高群众参政议政意识、建设社会主义民主政治的有效途径”（《人民日报》）。

▲ 1993年　深圳　某外资公司职员在录入数据

特区具有政策优势、区位优势，吸引了许多外商前来投资。外资企业不仅带来了资金，更带来了先进的生产工具和管理制度。

▲　1995年　深圳　地王大厦封顶

深圳地王大厦，正式名称为信兴广场，因所占土地于1992年拍得深圳土地交易最高价格被称为“地王”而得名。地王大厦于1994年动工，1996年竣工，在当时是深圳的标志性建筑，也是中国最高的建筑。

廣州站
一祖国
Marlboro
Marlboro
Marlboro
持票旅客
候车区

▲　1995年　广州　火车站举着牌子接老乡的打工者

◀　1995年　广州　火车站广场

百万民工下广东，是改革开放也是广东发展不可逆转的浪潮。这些人浩浩荡荡地来到广东，成为这里经济、文化和社会生活的一部分。广州火车站是很多南下打工者的第一站。举着牌子接老乡是火车站的一道风景。

▲ 1999年　广州　地铁1号线开通运营

6月28日，广州地铁1号线正式运营，全长18.48公里。广州成为继北京、上海、天津之后内地第四个开通地铁的城市。

▲ 2000年 东莞 莞深高速公路

“小路小富，大路大富，高速公路高速富。”9月28日，东莞市自行投资、建设的第一条高速公路——（东）莞深（圳）高速公路竣工通车。这是全国首条由地级市自筹资金、自行规划、自行建设的高速公路。

粤乡新韵

1992年，广东省委、省政府召开全省农业生产工作会议，要求调整生产结构，发展商品农业。此后广东的农业生产走向商品化、产业化，科技含量也不断增加。同年，省政府颁布《广东农村小康标准指标》，提出十项小康指标。经过十年建设，农村的面貌焕然一新，生活条件极大改善，生活水平总体达到了小康。

▲ 1993年 高州 荔枝丰收

高州盛产荔枝、龙眼、香蕉等热带、亚热带水果。1995年，国家统计局首次公布全国水果总产量百强市县，广东省的高州、信宜、化州、电白榜上有名。其中高州名列榜首，被誉为“水果第一县”。

▲ 1993年　化州　新鲜蔬菜北运

1992年，广东省委、省政府召开全省农业生产工作会议，要求调整生产结构，发展商品农业。化州是当时南方最大的南菜北运基地，冬季的南菜北运产业是当地农业经济支柱之一。

▲ 1994年 东莞 现代化无土栽培农业

发展现代化集约农业，使农业迈向产业化，是提高生产力水平的重要途径，也是发展社会主义市场经济的必然要求。珠江三角洲地少人多，更需要大力推广现代化的农业产业，利用大棚种植、无土栽培等技术提高单位产量，让农业生产不用再“看天吃饭”。

▲ 1995年　始兴　果园喷灌用上电

韶关始兴四面环山，当地因地制宜发展果树种植产业。20世纪90年代全省各地大力进行电力建设，1993年即率先在全国实现全部乡镇通电。山坡的果园通了电，用上了电力喷灌系统，给果农们带来了极大的方便。

▲ 1997年 新会 机械化收割水稻

南方以大米为主食，水稻是重要的粮食作物。传统的水稻耕作是精耕细作，需要投入大量的人力资源。新会以科技为抓手，采用现代化机械设备，大大提高了农业生产效率，因而向国家交售的粮食名列全省前茅。

▲ 1993年　顺德　码头装运塘鱼外销

顺德是有名的鱼米之乡。通常凌晨三四点渔船出港捕鱼，到清晨六七点满载归港时，大大小小的经销商贩早已等候在码头上，抢着采购最新鲜的鱼。一手称重，一手交钱，渔民和商贩都心满意足。

▶ 1995年　中山　沙岗圩日

沙岗圩是中山的一个传统集市，已有500多年历史，至今仍保持着逢农历三、六、九开市的惯例。随着经济社会的发展，各种现代商品成为集市的香饽饽，旁边整齐崭新的楼宇也体现出沙岗圩与时俱进的生命力。

▲ 1992年　南海　新民居

昔日的珠江三角洲农村，到处是低矮的茅寮，人畜同居时常可见。改革开放后，富裕起来的农民注重改善居住环境。三四层的小洋楼依水而建，极具水乡特色，人畜也实现了“各居其所”。

▲ 1997年 广东 疍民的家

传统疍民长期以船为家，多以捕捞为业，随着经济的发展，疍民转以运粮运货为业，收入增加的同时也与现代文明接轨。图为以船为家的疍家姑娘，手持无线通信设备，船上现代用品齐全。

▲ 1992年　新会　华侨捐修的自来水工程通水

广东是著名侨乡。长期以来华侨“爱国、爱乡、爱自己的家人”，改革开放后政府引导华侨回乡投资建设。20世纪八九十年代，大批华侨为广东建设作出了贡献，他们为家乡修路修桥、建学校建医院，实实在在地给当地带来了改变。

▲ 1994年 乐昌 新建的希望小学

广东于1992年基本完成“普九”目标后，继续攻坚克难，努力做到“一个也不能少”。政府充分调动社会力量，在教育发展水平相对落后的地区兴建希望小学。

▲ 1993年　乳源　电视进瑶家

瑶族是广东境内分布最广的少数民族，素有“南岭无山不有瑶”之称。瑶族群众世居山里，交通不便，不过随着经济社会的发展，瑶民生活水平提高，古老的瑶寨也迎来了现代文明。像电视机这样的现代家电陆续进入了瑶民家中。

▲ 1995年 清新 石灰岩地区农民住上新居

1993年，广东省政府发出《关于粤北石灰岩特困地区人口迁移有关问题的通知》，要求3年内从划定的粤北47个石灰岩乡镇里将生产、生活条件极端恶劣的石灰岩山区农民和高寒山区少数民族群众搬迁到发展条件较好的平原和丘陵地区。图为清新白湾镇的农民住上了新居。

市井百态

1992年，广东在全国率先放开粮食的购销和价格，取消粮簿。以此为标志的一系列变革，彻底打破了民众生活品质提升的“桎梏”。在省委、省政府加快第三产业发展的指导下，房地产、保险、中介服务等各种为人民生活服务的行业蓬勃发展。衣食住行用，市井百态中，处处是幸福生活的气息。

▲ 1995年 广州 黄昏下的大排档

随着经济社会的发展，人们的消费力逐渐提高，各种大排档也随之兴起。广州珠江边的海印桥底，风景独特，食材物美价廉，很快成为热热闹闹的夜宵聚集地，也成为无数“老广”的美好回忆。

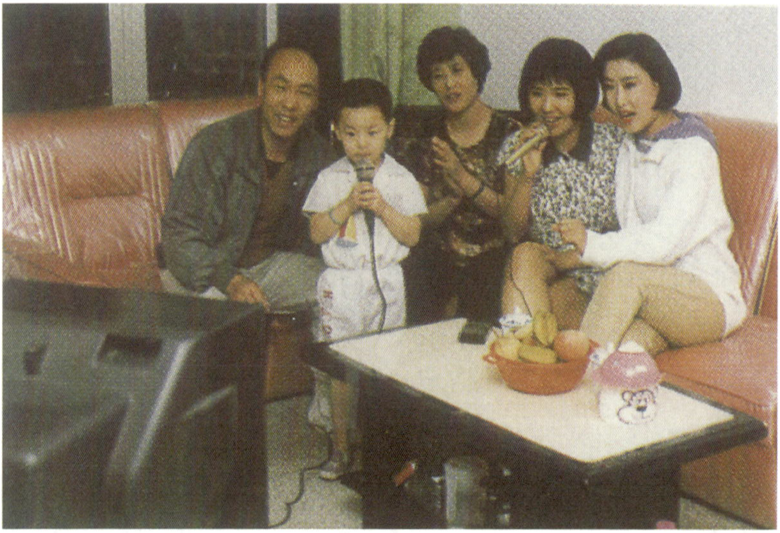

▲ 1993年　惠州　卡拉OK进入家庭

家庭卡拉OK起源于日本，1989年进入中国。这种全新的休闲方式迅速流行起来，20世纪90年代很多家庭都添置了一套卡拉OK设备。从此家庭聚会、朋友聚会有了新的娱乐项目，比比歌喉，其乐融融。

▲ 1993年 广州 与麦当劳叔叔在一起

1987年，肯德基进入中国市场；1990年，麦当劳在深圳开设内地第一家餐厅。从此，“洋快餐”风靡中国，这些餐厅大多颜色明丽、环境整洁，还有深入人心的品牌形象，使许多小朋友欲罢不能，常常盼望家长带他们去吃一顿。

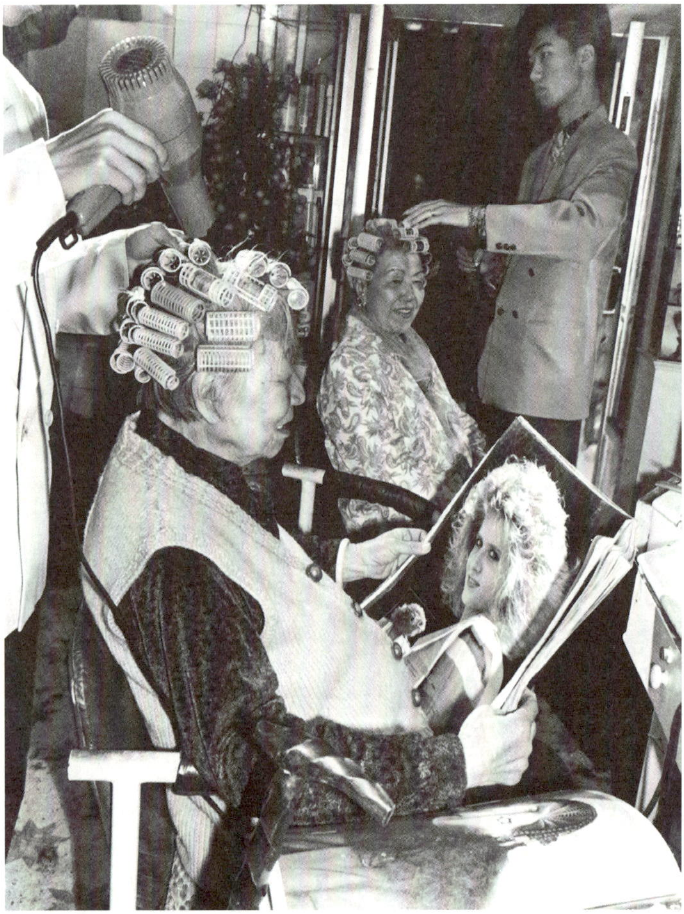

▲ 1993年　广州　阿婆烫发

爱美之心人皆有之，为了迎接新年的到来，阿婆们也来到发廊烫头发。相册里的时髦女郎，仿佛勾起了阿婆年轻时的回忆。

▲ 1993年 广州 渔网捞罐

珠江是广东的母亲河，却在经济发展过程中一度被污染，江面垃圾成堆，恶臭冲天。不少广州市民自发组织护卫行动，以前用来捞鱼的渔网，被用来捞起漂浮在江面的垃圾杂物，为还母亲河干净贡献小小力量。

▲ 1994年　广州　全国第一个货仓式商场广客隆

货仓式商场的模式源于1968年荷兰的万客隆，它是一种批发与零售结合的大型自选商场，特点是装修简朴，商品应有尽有，售价比大公司便宜。这种模式打破了传统购物的局限，让顾客能近距离地自行比较商品，成为一时潮流。

▲ 1995年 中山 赏菊

中山小榄菊花会是小榄镇特有的民间传统花会。小榄一直享有“菊城”的美称，每逢菊花盛开，各家族会将各种菊艺摆设在一起评比高下，曰“菊试”，后发展为菊花会。2006年，小榄菊花会经国务院批准列入第一批国家级非物质文化遗产名录。

▲ 1995年 广州 保险推销员

随着经济社会的不断发展，城乡社会化综合服务体系也在建立、发展，保险业就是其中之一。对很多人来说，保险还是新鲜事物，因此保险公司也组织推销员走上街头宣传保险知识。

▲ 1995年 深圳 保姆与小孩

家政行业的出现与发展是社会分工进步的体现。在深圳这座充满活力的移民城市，“有钱无闲”的家庭开始选择雇请保姆来照顾小孩。

▲ 1995年　汕头　市区迎来双层巴士

随着公共交通的发展完善，城乡居民的出行成本降低，安全也有保障。2路公交线是汕头历史上使用双层巴士时间最长的线路，刚引进双层巴士时，市民争相试乘，场面热闹非凡。

▲ 1995年 江门 各式各样的摩托车

摩托车因其方便灵活、省时省力的特点，成为城乡居民重要的日常代步工具。通常一辆摩托车就能解决一家三口的出行问题。江门是广东重要的摩托车产业基地，在国内也享有名气。

▲ 1996年 广州 接孩子放学的家长

在城里上学的孩子大多需要家长接送。每天放学的时候，小学的校门口都挤着众多接孩子的家长。逢下雨天，家长花花绿绿的伞也成了别样的风景。

▲ 1996年 广州 师奶炒股

1990年，深圳证券交易所成立。1993年广州开通深圳股票异地买卖。“谈股论金”成为社会风尚，连师奶们也加入炒股大军。早上她们买菜后就不约而同聚到一起，全情投入不停变化的红红绿绿之中。

▲ 1996年　广州　租用劳斯莱斯接新娘

作为改革开放的前沿地，广州传统的婚嫁风俗受到外来风气的影响并与之融合。当时白天鹅宾馆将劳斯莱斯出租给市民作接新娘的花车。这辆车是1986年英女王来访时的座驾。

▲ 1998年 中山 乔迁之喜

1997年，中山获得联合国人居奖。该奖主要表彰为人类居住条件改善作出杰出贡献的政府、组织、个人和项目，一直受到各国政府的重视。

▲ 1999年　广州　刮彩票的民工

福利彩票是在顺应改革开放形势、关爱困难群体的背景下诞生的，募集的资金用于解决贫困地区的问题。在珠江三角洲，手里有点闲钱的外来务工者也参与到这项公益事业当中，既试试自己的运气，也能助人为乐。

▲ 2001年 汕头 农民在使用公用电话亭打电话

汕头市实施“万亭工程”，从市区到乡村，公用电话亭星罗棋布。在很长一段时间里，这种电话亭既便利又划算，为人们的沟通提供了方便。

锦绣芳华

20世纪八九十年代的广东，引领着全中国的流行文化。在“南粤锦绣工程”的规划和实施下，具有岭南特色的音乐、影视、选美、影楼等喷薄涌现，无不反映了新时代的潮流和趋向。第一次泳装模特比赛，第一支流行乐队，第一家现代音乐茶座……广东人民享受着这些文化食粮，展现出自信的精神风貌。

▲ 1994年 广州 购书中心内人潮涌动

11月广州购书中心落成，被誉为“神州第一书城”。购书中心投入运营后满足了广大市民的精神文化生活需求，时常举办各种活动，人潮涌动。

▲ 1992年　汕头　小广场上跳交谊舞的人们

交谊舞是一种社交舞蹈，传入中国后迅速受到了广大人民群众的喜爱。在户外广场，不论男女老少，只要音乐响起、舞伴就位，就能翩翩起舞。

▲ 1994年 深圳 中国首次泳装模特摄影大赛

随着改革步伐的加快，人们的思想观念发生了变化，曾经被认为过于暴露的泳装也登上了舞台，模特们身穿泳装，大方地在镜头前展现女性的美丽与自信。

▲ 1995年　广州　带着10岁的女儿补拍婚纱照

婚纱照这种新鲜事物传入后，不仅在年轻的情侣间流行，连已婚十余载的“老夫老妻”也带着女儿一起补拍婚纱照，留下一家人的美好回忆。

▲ 1995年 广州 参加化装舞会的女孩

随着对外交流的深入，化装舞会这种西方的社交方式因其热闹的适宜聚会的特性，深受人们喜爱。许多女孩打扮起来，戴上面具，穿上礼服，参加化装舞会。

◀ 1992年 陆丰玄武山庙会

粤东地区传统民俗活动丰富多彩，玄武山庙会是其中的代表。龙灯、狮灯、鱼灯等文艺表演连成长长的队伍，呈现出一派吉庆祥和的景象。

▲ 1994年 鹤山 民间文艺巡游

20世纪90年代，传统的节日庆典活动开始得到恢复，各地举办文艺巡游，都会得到当地群众的热烈响应，夹道观看者众多，连临街的窗口和天台也挤满了人。

▲ 1995年　广州　中山大学学生在演奏音乐

20世纪八九十年代是广东流行乐坛最鼎盛、人才辈出的年代，涌现出一大批家喻户晓的流行歌手。此外，校园民谣蔚然成风，全国首张由大学生自己作词作曲并演唱的校园歌曲专辑《向大海》在中山大学诞生。

▲ 1996年 阳山 广州的歌舞团下乡演出

由于交通不便，山区人民对外交流较少，接触新鲜事物的机会也少。当时一些先发展起来的城市政府会组织文艺歌舞团下乡演出，为山区人民送去精神食粮。

▲ 1992年　广州　观看足球比赛的球迷

观看体育比赛是很多人闲时的放松途径，体育也是很多人的精神寄托，体育比赛的激情与悬念，无不刺激着人的感官。到体育场馆去，来一场现场的感官盛宴，能让人酣畅淋漓。

▲ 2000年　广州　蹦极

很多人喜欢享受蹦极时从几十米甚至几百米高空一跃而下的快感，全方位欣赏周边的美景，释放自己的压力。

叁

2002—2011
深砥砺　笃前行

经历了20世纪90年代的高速发展，新世纪初叶的广东率先向“基本实现现代化”跨越。城乡居民生活水平迅速提高，全面建设小康社会也被提上日程。

但同时，广东的小康仍然是低水平的、不全面的、发展很不平衡的小康，尤其表现在工农差别、城乡差别和地区差别上。相对于总体小康，全面小康是一个较高标准，需要持续不断的努力。2004年12月召开了中央经济工作会议，广东进入了“以工促农、以城带乡”的新阶段，农村居民收入良性增长。十年间，广东不断采取有效措施，扭转三大差别扩大的趋势。

繁荣乡村

早在2002年，广东即明确了农业方面未来的工作将“以增加农民收入为核心”。2006年，省委、省政府印发《关于加快社会主义新农村建设的决定》，指出应加快社会主义新农村建设，推进农业产业化、现代化进程，繁荣农村社会事业。“千方百计促进农民持续增收”是这一阶段农村建设的重中之重。经过扶贫开发“规划到户、责任到人”的努力，东西两翼和粤北山区部分农村的经济也有了一定发展。

▲ 2009年 惠州 杨桃丰收

随着特色水果种植产业链的形成和不断发展，惠州成了深莞周边地区最大、最安全的“菜篮子”。正值杨桃成熟的旺季，果农纷纷忙着采摘杨桃，道路两旁、门前屋后、田间地头，一股淡淡的杨桃香气扑鼻而来。

▲ 2007年 从化 采摘荔枝

在著名的荔枝之乡从化，漫山遍野的荔枝林郁郁葱葱，果熟时节一簇簇红艳艳的荔枝挂满枝头。许多荔枝园都开放了自主采摘的业务，游客们可以自己动手采摘荔枝，体验原生态的乐趣。

▶ 2006年 阳江 高位池养殖致富

2006年8月，阳江市沿海地区渔民发展高位池养殖实现了脱贫致富。20年前，这里是荒废的盐碱地，而现在，210亩高位池养殖池塘星罗棋布，该养殖方式已带动超5000人致富。

▲ 2007年　云浮　孵化车间

温氏集团的孵化车间创造了“公司+农户”模式，这一模式提高了农户的抗风险能力，已经在全国20多个省（区、市）开花结果，与温氏合作的农户达36 500户，平均每户年获利达3.1万元。传统农业向现代农业转变，给大批农户“孵”出了新希望。

▲ 2011年 阳江 繁忙的渔港

作为全国十大渔港之一，闸坡港素有“广东鱼仓”之称，每天的海市热闹非凡，充满了动感和活力。鱼腥味混杂着渔船的柴油味，买家卖家的喧嚣，一筐筐各式各样的海鱼，熙熙攘攘，一片丰收的喜悦。

▲ 2010年　乐昌　马与越野车的接力扶贫

韶关海事局来到乐昌乐城街道大洞村，为贫困户送去4400多千克饲料，扩大大洞村传统养殖项目。由于有几户人家居住在山顶，越野吉普车也无法到达，村干部便叫来马匹，用较原始的方式将饲料运上去。

▲ 2011年 乳源 中心洞村整体搬迁

韶关乳源中心洞村的村民乔迁新居，搬入了统一规划、统一建设的政研新村，过上了好日子。村庄也真正实现了从贫困村到幸福村的转变。搬进新村，小朋友们不仅读书方便，也有了玩耍的场所。

▲ 2006年 广东 电网进大山

广东电网进一步加快电网建设，无数电网人辛勤地高空作业，将电网拉进广东大部分山区，推进电力的普及与惠民，促进广东经济发展。

▲ 2011年 广州 种植户的互联网

广州的互联网普及率已接近100%，较为年长的人也能与时俱进，使用互联网。番禺这位种植户，在刚采摘的香蕉旁边惬意地使用无线联网的笔记本电脑。

活力城市

在“十一五”规划期间，广东城市发展进入了一个新阶段，城市建设的关注点逐渐从量的扩大转移到质的发展上，充满生机与活力的城市群成为珠三角的协调发展目标。2011年发布的“十二五”规划进一步将城市化建设作为广东加快转型升级、建设幸福广东的重要抓手，更加注重城市化质量。广东呈现出“区域协调、城乡一体、绿色低碳、节约集约、文化传承、和谐宜居”的新局面。

▲ 2005年 深圳 城中村爆破

深圳福田渔农村在改造中进行爆破。作为拆除重建的一个试点，渔农村是深圳城中村改造的一个缩影。

▲ 2004年　广州　市民在老白云机场附近合影留念

机场路上，几个男子在降落的飞机前留影纪念，两个多月后，老白云机场搬迁，此景不再。

▲ 2004年 广州 新白云国际机场候机楼夜景

8月5日0时1分，新白云国际机场正式启用，历经72年风雨的老白云机场退出历史舞台。老机场最后送走的一架载客飞机是CZ3265广州—湛江航班，而新机场迎接的首单“客人”是洛杉矶—广州的CZ328国际航班。

▲ 2011年　肇庆　广佛肇城际轨道的建设者们

广佛肇城际铁路途经珠江三角洲和粤西山丘地带，施工作业须面对密集建筑以及溶洞地质等难题，建设者们攻坚克难，首座连续梁成功合龙。广佛肇城际铁路的建设，使得城市之间的“同城效应”加强，形成“一日生活圈”，便于三城之间日常通勤、上学、购物、休闲、娱乐。

▲ 2005年 佛山 环海八路立交桥上施工的工人

城市的美好离不开挥洒汗水的建设者。工人们高空作业，在为佛山环海八路立交桥施工，画面如同一支凝固的乐章。

▶ 2007年 广州高楼大厦上忙碌的“蜘蛛侠”

高耸入云的写字楼往往是城市发展的象征，小康生活离不开劳动人民的付出。为了城市景观的整洁，高空清洁工们从事着高度危险的职业，劳动者最光荣，他们的工作也值得我们大大地尊重。

YC63
YC104
ZPMC

▲ 2004年 广州 汽车工业飞速发展

广州汽车工业虽然起步晚，但仅用约十年时间就实现了“弯道超越”。本田、丰田等纷纷与广汽结盟，产业集群初步形成。

◀ 2004年 深圳 盐田国际码头

广东的电子信息制造业在国内优势明显，盐田国际码头的集装箱给人一种“东方硅谷”的感觉。人们常说，从东莞到深圳盐田港的路上如果塞车，对世界电子信息业都会有影响。

▲ 2009年　东莞　无尘车间

东莞的工厂注重从粗放型向集约型转化，净化工程相关厂房十分发达。这是长安镇上沙社区的一家电子厂，员工们正在无尘车间进行生产作业。

▲ 2009年 佛山 高新技术产业

佛山一直以来大力推动高端产业核心区的形成，发展以先进制造业和高新技术产业为重点、以联合集成创新和科技人才为支撑的高端产业，做大做强精品制造，成为珠三角重要的高端产业基地。

▶ 2006年　广州百届辉煌

第100届中国出口商品交易会开幕。在开幕式上，中国政府宣布：从2007年4月第101届起，中国出口商品交易会更名为中国进出口商品交易会。自此，广交会由单一出口平台变为进出口双向交易平台。

100
100

▲ 2009年 深圳 高楼林立

改革开放30多年后的深圳，高楼大厦如雨后春笋般拔地而起。无论是经济发展还是城市建设，深圳都走在了全国前列。

◀ 2010年 广州 新中轴线

每一座城都有一条中轴线，这条线勾勒出城市的经脉气象、历史变迁，千年商都广州悠久厚重的历史因为有了城市旧中轴线的承载而清晰可辨，而欣欣向荣的现代化进程因为新中轴线的存在而有了继续开拓的动力与方向。

广州城市新中轴线北起燕岭公园，南至海珠区的海心沙岛，以广州塔为界分为南段、北段，全长12公里。

文教实事

文化民生实事和文化惠民工程是广东文化建设的重中之重。2003年，广东启动文化大省建设。2004年，正式提出“建设教育强省”，进入构建惠及全民的公平教育体系的阶段。基层文化设施得到完善，“三馆一站”免费开放，推进文化共享，进一步覆盖城乡。这一时期的广东挖掘粤东、粤西、粤北地区的历史民俗文化资源，发展区域特色文化产业群，同时也举办了亚运会等大型文体活动，增强文化发展活力。普法工作延伸更广，基层民主法制更加健全，逐步实现“文化大省”的目标。

▲ 2004年 深圳 普法办给外来工送法上门

深圳普法办的多名义工、法律志愿者走上街头，将《用人单位劳动保障政策法规必读》及公民法律宣传手册送到劳务工和企业经营管理人员的手中，向外来务工人员普及法律常识，帮助他们知法懂法。

▲ 2005年 新兴 “村官”海选

云浮新兴凤凰村的村民在认真讨论“村官”人选。海选这一公开、透明、规范的选举形式一出现，便受到广大村民热烈欢迎，推广面不断扩大。扩大农村基层民主，实行村民自治，有利于调动广大农民的积极性和主动性。

▲ 2005年 中山 海选村民代表

南朗镇崖口村村民代表及村民小组长的选举工作正在进行。这里的选举不设候选人，也不搞差额选举，而是采用“海选”的方式，只要选民符合选举的条件，被村民推荐的票数符合选举的规定，就可以直接当选。

▲ 2007年　广东　免除书本费

9月3日，1000多万农村义务教育阶段的孩子都在开学时领到了一套免费教材，正式宣告了广东省农村义务教育阶段“收费”时代的终结。广东成为在全国率先实现真正意义上的农村义务教育免费的省份。

▲ 2007年 顺德 民办教育成特色

顺德素有尊师重教的民风。图为一家顺德民办学校里，孩子们正在舞蹈室开心地上课。多元、规范发展的民办教育是顺德的特色，民办教育基本满足了市民需求，形成了与公办教育共同发展、比翼齐飞的格局。

▲ 2007年 广州 高考英语口语开启“人机对话”

4月16日，高考英语口语考试“人机对话”在广东省试行。图为广州执信中学的考生正在输入考号和身份证号码，进入口语考试系统。

▲ 2011年 四会 流动书香车

“农家书屋”是为了解决农民“买书难、借书难、读书难”问题而建立的文化服务设施。2012年，广东率先完成农家书屋在全省行政村的覆盖，并配置了“岭南流动书香车”，成效显著。图为春节期间开展的针对外出务工人员返乡、学生放假的送书下乡活动。

▲ 2004年 广州 粤菜师傅

粤菜是深受广东人民喜爱的菜系。在广州餐饮界一线，有着很多辛勤奉献的粤菜前辈高手，其中不乏粤菜泰斗级大师，也有着许多年轻的传承人。

▲ 2008年 东莞 美食烹饪大赛

东莞市道滘镇烹饪培训班的阿姨正在参加美食烹饪大赛，这类技能培训，有助于提高当地农民的就业竞争力。

▶ 2006年 广州中山纪念堂太极扇表演

中山纪念堂是广州市标志性建筑。图为中山纪念堂前，业余爱好者组成千人太极方阵，统一着白色太极服，伴着音乐共舞太极双扇、表演太极拳，表演整齐划一、姿态优美。

天下為公

▲ 2010年 广州 广东省博物馆新馆落成

5月18日，广东省博物馆新馆对公众开放，吸引了众多市民前来参观。新馆濒临珠江，坐落在珠江新城中心区，外观呈方正的玲珑盒形，酷似一个宝盒。

▲ 2010年　广州　亚运会开幕式

11月12日，第16届亚洲运动会在广州举行，这是亚运会第二次在中国举办。这场体育盛会不仅促进了广州城市基础建设的发展，更向世人展示了岭南文化的丰富内涵。图为开幕式表演中的《海洋之舟》，展现了岭南悠久的海洋文化。

▲ 2011年 湛江 东海岛人龙舞

东海岛人龙舞是大型民间集体舞蹈，因“龙”全部由真人接架组合而得名，一般长十来米，由五六十人组成，也有长数十米、由百余人甚至数百人组成的，被誉为“东海一绝”，展现了海岛人民齐心协力、战天斗地的气概。

共享幸福

习近平总书记说："人民对美好生活的向往，就是我们的奋斗目标。"这一时期的广东不断推动保障和改善民生，促进社会公平，提升社会质量，医疗服务水平逐步提高，医保体系日臻成熟，社区安全体系进一步加强，人民群众获得感、幸福感、安全感显著提升；也更关注来粤务工人员的生活状态，使他们找到家的感觉。粤东、粤西、粤北地区与珠三角差距有所缩小，经济建设稳步发展，经济总量、人民收入、生活水平都有了显著提高，向建设"幸福广东"稳步前进。

▲ 2003年 广州 “非典”时期的钟南山

7月2日，最后三名“非典”患者出院，广东实现零病例。告别“非典”，离不开钟南山这位“抗非”斗士所作出的巨大贡献。

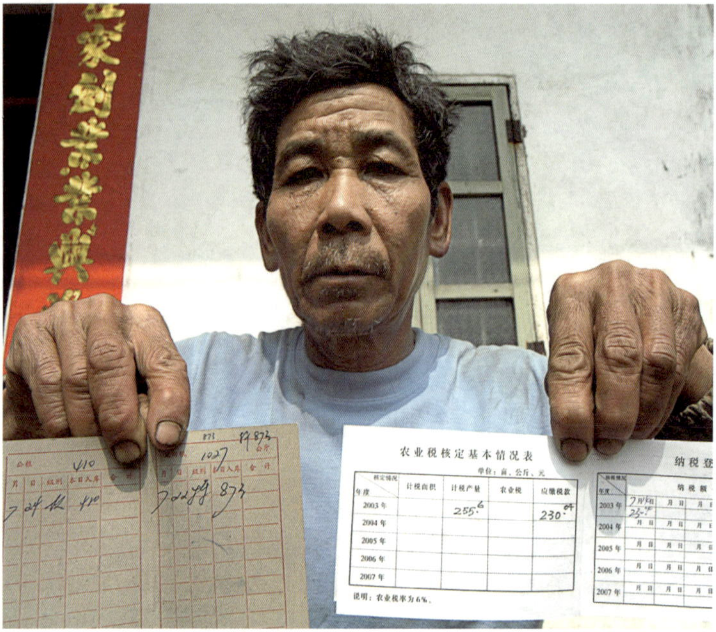

▲ 2004年　广州　农业税取消

农业税是国家对一切从事农业生产、有农业收入的单位和个人征收的一种税，俗称“公粮”。“十五”计划之初，我国开始了以减轻农民负担为中心、改革农业税收为主要内容的农村税费改革。2004年，广州南沙横沥镇农民从农业税核定基本情况表上看到农业税已减免，十分开心。到2006年底，农业税才在全国范围内全面取消。

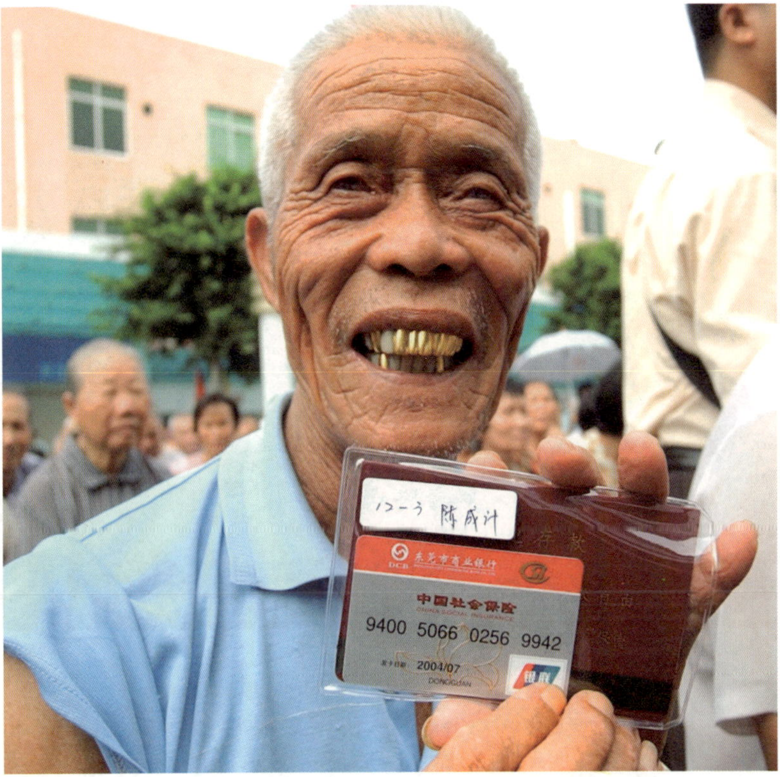

▲ 2004年 东莞 农民医保全覆盖

万江拔蛟窝村民陈成计高兴地领到了自己的农民医保卡。当日，东莞市农（居）民基本医疗保险卡正式发放，率先在全国实现了农民医保制度全覆盖。

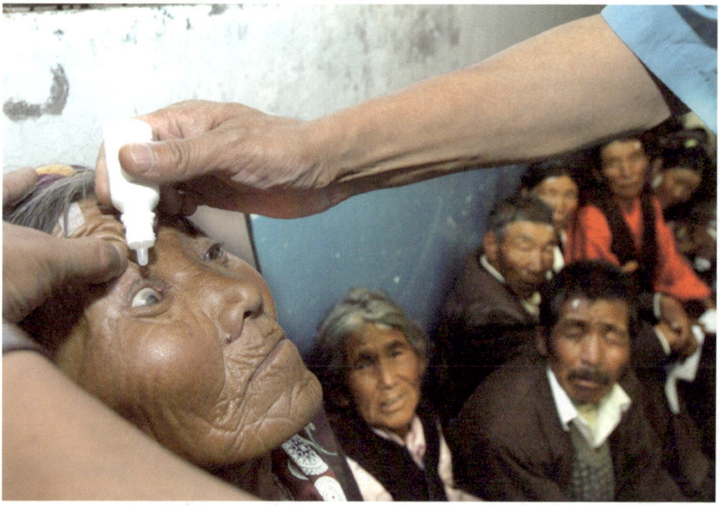

▲ 2005年　拉萨　为藏民做白内障手术

广东“光明行”援藏医疗队抵达拉萨曲水县，为近百名因白内障而双目失明的患者做了手术。来自大嘎乡的60岁老人松朗卓玛在手术完毕后，不断合十、拍手，“谢谢你们，广东医生，扎西德勒！”

▲ 2008年 清远 瑶族同胞乔迁新居

“雨水不留草难长，渴死麻雀摔死蛇”是清远石灰岩地区贫困山民们最无奈的感叹。为解决这一问题，全市共迁移了贫困农户18万余人，移民们自己将这项大迁移行动称为“第二次解放”。移民村大部分村民都装上了有线电视，家家户户都有自来水，有些率先富裕的还买了摩托车或小汽车。

▲ 2006年　珠海　村民乔迁新居

南屏镇北山村的村民搬进了和市区一样的小区新居——北山村民住宅小区，聚餐庆祝乔迁之喜。

▲ 2006年 开平 麻风村里特殊的婚礼

开平玲珑医院是一所已有60多年历史的麻风病康复医院，周边形成了一个70多人的麻风村。2004年8月，扬州大学医学院毕业的董淑猛和江西医学院毕业的徐娜来到这里落户，并专心为麻风病人服务。2006年4月22日，这对情侣正式走进了婚姻殿堂。

▲ 2006年　佛山　建设者之家

阅读区、运动区、休闲区齐全……在佛山市，“建设者之家”成为数以万计城市建设者的“第二个家”。室内设立有开放式读书吧、农民工夜校、文体中心等，众多建设者把这里当成自己的精神家园。

▲ 2007年 东莞 打工者过生日

长安镇一群外来打工者聚在一起庆祝生日。

▲ 2007年　广州　小市民体验抢险呼吸机

在广州举办的燃气安全咨询活动中，一名小市民在参观广州煤气公司展示的燃气抢险设备时，亲身体验了背着抢险呼吸机的滋味。

▲ 2008年 广州 农村掀起健身热

随着健身器材下乡，农村掀起了健身热潮。大家争相来到健身区域，尝试多种健身设施，通过良好的体育锻炼，增强自身的体质。

▲ 2007年 广州 低保户当上快乐义工

推着95岁老人的男子是荔湾区的低保户，时常做义工的经历给他带来了极大的满足感和成就感。

▲ 2007年 深圳 义工帮助残疾人参观动物园

为迎接12月3日国际助残日、12月5日国际义工日的到来，国税局义工服务队悉心呵护着40多名残疾人，使他们在深圳野生动物园里度过了愉快的一天。

▲ 2008年　广州　留下过年的外来工一家

广州北京路步行街，留在广州过年的外来工一家在开心地逛花市，感受广州的春节气氛。

▶ 2007年　广州　一路鲜花

广州素有“花城”的美誉。高架桥两旁长年摆放着鲜花，气氛十分喜庆。

先烈
XIANLIE
OUZHUANG

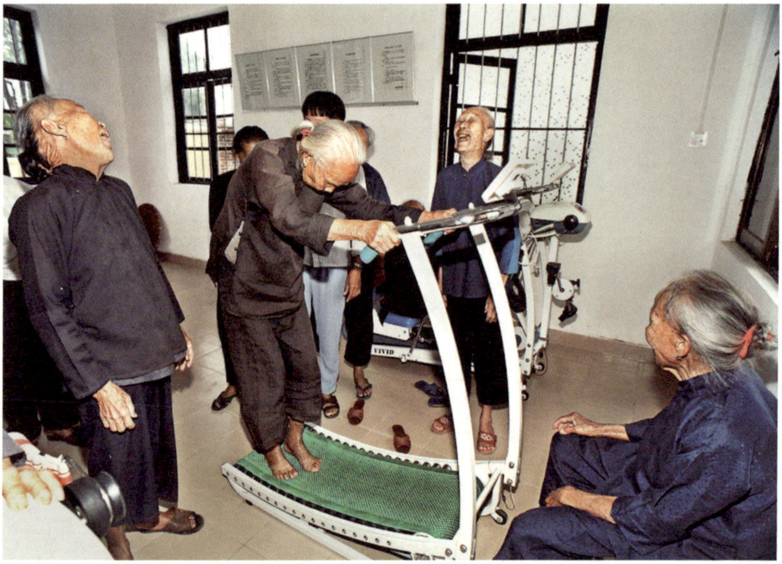

▲ 2011年　高要　老有所乐

敬老院是农村养老服务体系中的重要组成部分。2011年，民政部颁发《农村五保供养服务机构管理办法》，农村敬老院的建设更为规范有序。图中一群银发阿婆在敬老院里摆弄最新的健身器械，脸上洋溢着欢乐的笑容。

▲ 2011年 五华 110岁的寿星

欣逢盛世福绵延。这位110岁的长寿老人，精神抖擞。老人膝下五代同堂，这是传统文化中人生最幸福的图景之一。图为五华县的文艺界人士为老人画像祝寿。

▲ 2003年 广州 和谐社区

广州越秀大力建设和谐社区，完善小区的基础设施，孩子们开心地荡着秋千，童年生活更加快乐无忧。

▲ 2010年 深圳 平安社区

社区的治安稳定是社会稳定和谐、人民安居乐业的基础，有了千万个社区的平安，才会有全社会的稳定。图为罗湖区平安社区居民们开心地在草坪上玩耍。

▲ 2007年　佛山　醒狮表演

醒狮文化是南粤大地的一张名片。图为佛山群众聚集在西樵山上观看醒狮表演。

▲ 2011年 顺德 凤凰花开

5月的顺德骄阳似火，容桂街道两旁的凤凰花开得正旺，叶如飞凰之羽，花若丹凤之冠，初夏时节染红一片云天，宣泄满腔热情的一抹艳红，就像这群快乐地跳着皮筋的儿童火热的生命。

绿色同行

2006年，广东“十一五”规划进一步提出“绿色广东”战略。与自然和谐相处，已成为广东人自觉自愿的美丽追求。“十年绿化广东”，使绿色观念越来越深入人心。珠三角的绿道建设带动了国内绿道建设潮，五年造林5000多万亩，获评“全国荒山造林绿化第一省”。在保持经济社会持续较快发展的同时，污染物排放量持续下降，环境质量总体保持稳定。

▲ 2010年 广州 绿道骑行

广州市黄埔区新建成绿道40公里，市民可沿绿道欣赏河涌美景、健身娱乐。图为市民们在长洲岛沿绿道过了一把“自行骑乐”的瘾。

▲ 2008年　广州　河涌换新颜

广州下大力气解决城市河涌污染问题，取得了大成效，使河涌换新颜。

▲ 2010年 广州 横渡珠江

浩浩荡荡的横渡珠江队伍到中流击水，不仅是对全民健身的响应，也体现了珠江水质治理和保护的成果。

▲ 2007年 韶关 负能炼钢

韶钢依靠自主创新，实现负能炼钢，成为循环经济的样板。负能炼钢即转炉炼钢工序回收的总能量大于消耗的总能量。

◀ 2007年 广东 锦绣田园

片片绿色就像五谷丰登的拼图，拼出一片锦绣田园。广东省集约用地初见成效，“九五”计划期间，广东地区生产总值每增长1亿元消耗土地471亩；“十五”计划期间，减为223亩，同比减少52.7%。

▶ 2007年　汕头　南澳岛风力发电

南澳岛原本深受台风之害，后来大力发展风力发电，让渔民们谈之色变的台风，成了南澳取之不尽、用之不竭的清洁能源。

▲ 2011年　深圳　环保迎亲

一对新人骑着自行车穿过繁华的宝安区街头，迎亲的队伍没有豪华的宝马和奔驰，只有一辆辆简单而又美丽的自行车，这种新颖的迎亲方式引来路人驻足观看。

▲ 2011年 广州 垃圾分类一日游

200位市民参加了广州市城管委举行的“出色分类，你我同行”垃圾分类一日游活动。小朋友在家长的带领下在参加垃圾分类标识辨别游戏，其乐融融。

◀ 2009年 开平 碉楼旁边的绿色农耕

自力村被评为全国十大最美古村落之一，村里15座风格各异、造型精美、内涵丰富的碉楼，是世界文化遗产开平碉楼兴盛时期的杰出代表。在一排排碉楼的掩映下，村民们宁静地过着绿色农耕生活。

肆

2012—2020 新时代　新征程

党的十八大以来，全面建成小康社会的号角吹响了。从总体小康到全面小康，是2020年结束前要实现的奋斗目标。

越到最后冲刺阶段，越有难啃的硬骨头。围绕实现“四个走在全国前列”、当好“两个重要窗口”的目标要求，广东努力构建推动经济高质量发展体制机制，紧抓粤港澳大湾区发展机遇，打好防范化解重大风险、精准脱贫、污染防治攻坚战，总结经济特区建设经验，在更高起点上推进改革开放，切实增强民众的获得感、幸福感、安全感。

富民兴村

党的十九大报告首次提出实施乡村振兴战略，并明确了“产业兴旺、生态宜居、乡风文明、治理有效、生活富裕”的总要求。其中，“产业兴旺”列在首位，是当中最为基础、最为关键的一环。因此，乡村产业如何发展，关乎广东省能否实现高质量全面建成小康社会。

▲ 2018年　英德　连樟村

10月23日，习近平总书记深入清远英德连江口镇连樟村，留下“乡亲们一天不脱贫，我就一天放不下心来”的嘱托。如今，连樟村通过发挥党建引领作用，打造特色产业，成功蝶变为“乡村振兴示范样板”。

◀ ▲ 2019年 英德 蔬菜种植基地升级改造

《广东省农业现代化发展“十三五”规划》提出，要积极探索现代农业园区发展模式，加快现代农业园区建设。连樟村积极响应扶贫政策，将大棚蔬菜种植基地升级改造为现代农业科技示范园，告别“看天吃饭”的困境。

▲ 2016年 肇庆 农村电网升级改造

从“用上电”到“用好电”，实施农村电网升级改造是推进农业农村现代化的重要举措。肇庆大井中心村近年来经济发展迅速，农业活动用电量日益增加，当地的电网改造升级工程竣工，不仅满足了当地村民的用电需求，还为当地产业发展增添了新的动力。

▲ 2017年　广州　无人机助力春耕

春耕时节农事忙。农民熟练地操控着无人机穿梭在田地间进行喷洒作业。加快生产条件向现代装备转变，运用现代装备解放人手劳动，即可极大地提高工作效率，助力农业生产。

▲ 2019年　英德　电子商务盘活特色产业

英德以电子商务盘活特色产业、以产业发展推动精准扶贫，建立电子商务产业园推动当地农业发展。当地茶农和电商工作人员通过电商平台查看销售情况，进一步盘活农副产品销售。

▲ 2020年 英德 直播电商培育新机

近年来，英德电商产业呈现井喷式的发展态势，农产品电商销售量年均增长1.1倍，带动当地10%农户脱贫，逐渐形成电商发展的“英德模式”。在英德农特产品体验馆里，乡村新闻官正通过“直播带货”销售模式，向全国各地的消费者推荐当地特色农产品。

▲ ▶ 2019年　珠海　稻花香里说丰年

在珠海斗门大赤坎村，村民们陆续开始秋收，几十台收割机在偌大的金黄色田野上来回忙碌着。面对一堆饱满的稻谷，农民笑逐颜开。

▲ 2020年 潮州 夏日早稻

潮州潮安江东镇下湖村，溪东种养专业合作社的500多亩水稻已成熟。烈日下，收割机忙着收割金黄色的早稻。

▲ 2015年 大埔 春茶摘收

梅州有着300多年的种茶历史，大埔更被评选为“中国名茶之乡”。大埔西岩山上的生态茶园，目之所及都是茶树。茶树于山间层层环绕，连绵起伏，家家户户都在忙于春茶的采摘。

▲ 2013年 徐闻 压弯的扁担

徐闻盛产菠萝，这个中国南部名不见经传的县城，生产了中国近半的菠萝。每逢收果的季节，徐闻遍地铺满金黄翠绿的菠萝，像是铺满了黄金，因而被戏称为“菠萝的海”。

▲ 2019年 德庆 喜庆丰收

德庆因地制宜，大力发展当地特色柑橘产业，推广柑橘标准化生产。贡柑开始采摘时，柑园农民挎着沉甸甸的果篮，脸上都露出了开心的笑容。

◀ 2017年 汕头 金橘满园

“蜜取花间液，柑藏树上珍”，被誉为“柑橘皇后”的潮州柑种植历史悠久，是潮汕地区著名水果品种之一。每至柑场丰收时节，成片的金黄柑橘连绵不绝，呈现一片美好的丰收图景。

▶ 2019年 阳春 “千村示范、万村整治”工程

广东省深入实施“千村示范、万村整治”工程，大力改善农村人居环境，建设具有岭南特色的生态宜居美丽乡村。近年来，阳江阳春马兰村大力开展“三清理、三拆除、三整治”等村居治理工程，营造优美和谐的旅游环境，依托秀丽的田园山水风光，进一步发展休闲农业和乡村旅游业，打造地区特色旅游名片。

齐头并进

围绕实现“四个走在全国前列”、当好“两个重要窗口”的目标要求，广东正奋力构建推动经济高质量发展体制机制，以构建“一核一带一区”区域发展格局为重点，加快推动区域协调发展。发挥珠三角核心引领带动作用，积极推动广深港澳科技创新走廊建设，强化以广州、深圳为代表的“双核驱动”效应；粤东西两翼地区培育产业基地，形成沿海经济带；建设北部生态发展区，牵引带动新时代广东改革开放全局。

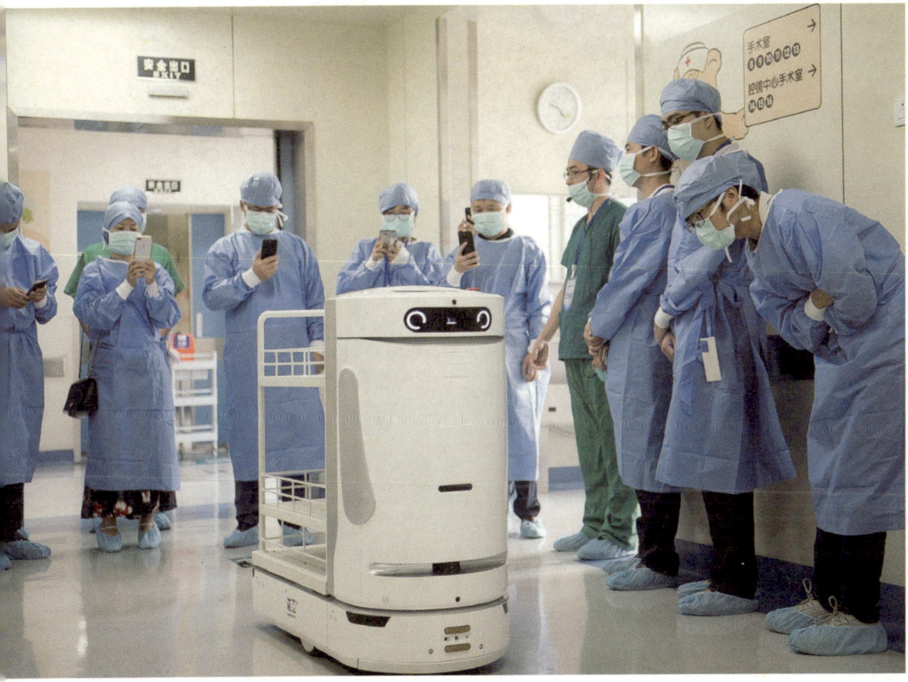

▲ 2017年 广州 医院配送机器人

“诺亚”医用物流机器人通过层层测试后正式上岗，为手术区运送医疗物资。面对这位新奇的“同事”，大家纷纷围观。

▲ 2019年　深圳　5G技术融入生活

2019年是全球5G元年。深圳作为首批试点城市之一，在全市范围内进行5G网络覆盖。图为中国联通的工作人员坐在副驾驶座上演示5G无人驾驶。

▲ 2019年　深圳　中国国际高新技术成果交易会

高交会自设“一带一路”专馆以来，已成为推动“一带一路”经贸合作的重要平台。近年来，“一带一路”沿线国家积极参展，至2019年已有近40个国家和国际组织的50个团组参展，其国际影响力逐年增强。

▲ 2014年　广州　深圳　珠海　广东自贸区

中国（广东）自由贸易试验区于2014年由国务院批准设立，涵盖广州南沙新区片区、深圳前海蛇口片区和珠海横琴新区片区，为广东省迎来了新一轮产业发展的机遇，将带来重大和长远的影响。

▲ 2014年 珠海 四色“彩虹”

一年一度的世界五大航展之一——珠海航展，备受航空爱好者们的关注。珠海航展这张世界名片，成就了珠海的航空产业基础。

▲ 2016年 佛山 中德工业服务区

活跃的民营经济是佛山经济的特色。作为粤港澳大湾区的重要城市，为实现“以珠海、佛山为龙头建设珠江西岸先进装备制造产业带”的发展规划，佛山成功建设中德工业服务区，通过“走出去”“引进来”并举，孕育了一批享有全球领先科技的装备制造企业，进一步提升珠江西岸地区先进装备制造业整体竞争力。

▲ 2016年 江门 高新区火炬大厦

自珠三角（江门）国家自主创新示范区建设以来，江门构建了“1+6+N”创新格局，引领带动江门全市创新驱动发展。大力引智揽才，是江门加快推进国家自创区建设的一个重要思路。颇具特色的是，作为著名侨乡，江门抓着一手好“侨牌”，该市打造的“侨梦苑”，成为海外高层次人才的创业“梦工厂”。

▲ 2020年 东莞 松山湖高新技术开发区

松山湖高新技术开发区坐落于“广深港”黄金走廊腹地，地理位置十分优越。作为东莞“四位一体”主城区的重要组成部分，松山湖高新技术开发区担起推动东莞从制造名城向创新之城迈进的使命，为广东探索科学发展新模式提供示范。图为多孔陶瓷材料研发人员正在园区研究室做实验。

▲ 2013年 湛江 璀璨油城

东兴炼油厂是湛江当地有名的不夜城，无论何时，纵横交错的管网高塔上都是灯火通明，如同一颗璀璨的明珠，映亮湛江的夜空。

▲ 2018年 汕头 以交通打通经济命脉

汕头以交通基础设施建设作为推动城市发展的引擎。汕昆高速广东段的全线贯通，促进了汕潮揭都市圈与粤港澳大湾区互联互通。

▲ 2019年 韶关 丹霞山

近年来，在省委、省政府正确领导下，韶关紧紧围绕全省“一核一带一区”区域发展新格局要求，不断打响“善美韶关”城市品牌，全力筑牢粤北生态屏障，打造绿色发展韶关样板，以生态为特色优势融入粤港澳大湾区建设。

▲ 2020年 河源 万绿湖

围绕构建“一核一带一区”区域发展新格局，广东北部生态发展区要加快绿色崛起步伐。作为重要水源保护地，万绿湖是河源的生态名片，也是河源旅游的品牌。依托万绿湖，河源奋力打造环万绿湖特别保护生态发展长廊。

文化聚力

自“广东文化强省建设十项工程”提出以来，广东省站在了一个新起点：要建设文化强省，要建设幸福广东。从自娱自乐的群众文化，到百花齐放的文艺创作，再到推陈出新的文化产业，广东各级党委、政府精心开展群众喜闻乐见的各类文化活动，围绕富强、民主、文明、和谐的价值目标，用文化之力凝聚起强大的精神力量。

▲ 2017年 广州 水上花市

荔湾水上花市是广州最有岭南水乡韵味的迎春花市。自改革开放以来，迎春花市已遍布广州11个区且各有特色，吸引了大量的国内外游客，“广州过年，花城看花”已成为近年的时尚。

▲ 2014年 开平 金龙舞

在开平水口镇一年一度的谭氏舞龙节上，表演者擎着金龙穿街过巷。在当地村民看来，金龙路过了自家门口意味着将带来福气，传达家宅平安、风调雨顺的美好祝愿。

▲ 2016年 普宁 贺灯闹元宵

普宁军埠镇大长陇村里，万名大长陇村海内外子孙汇聚家乡，举行一年一度的贺灯闹元宵活动，共同祈求天下太平、国泰民安。

▲ 2013年　佛山　龙舟竞渡

佛山位于河网密布的珠三角地区，孕育了丰富的龙舟民俗文化。作为著名的“全国龙舟之乡”，佛山通过举办多类型龙舟赛事，推广龙舟文化，将龙舟精神代代相传。

▲ 2014年 茂名 渔港早市

茂名博贺渔港是广东省最大的渔港，有着独特的渔家风情文化，其中早市最具特色，当地人赶早到码头上购买新捕获的海鱼，渔船、海水、叫卖声奏响码头岸上独特的晨曲。

◀ 2019年　梅州　春祭花萼楼

花萼楼，是客家民居建筑的典范之作，至今已有400多年的历史。每年正月初三，村民会在花萼楼举行祈福仪式，锣鼓喧天，热闹非凡。

▲ 2013年　肇庆　街头轮滑秀

深受岭南文化包容开放的浸润，广东人对生活的热爱，让大众对各种潮流文化始终保持开放包容的态度。曾经小众、地下的轮滑文化也“光明正大”地被列入正式体育比赛项目，受到大众的喜爱与赞叹，成为时尚都市中的潮流元素。

▲ 2015年 深圳 客家山歌对唱

在深圳这座现代化大都市中，龙岗依然保持着良好的客家文化传承，留下了不少客家历史建筑、旧址遗迹和传统习俗。客家山歌是传统客家习俗，在节日里、活动中，当地的爱好者们总会在街头巷尾上演一出出好戏。

▲ 2017年　广州　《沙湾往事》

大型广东特色原创舞剧《沙湾往事》以20世纪30年代沙湾古镇为背景，以“何氏三杰”等众多广东音乐人为创作原型，巧妙的舞台设计、优美华丽的舞姿，展现着历经千百年历史传承的岭南民俗风情。该剧陆续在全国多个城市开展巡回演出，并荣获第14届精神文明建设“五个一工程”奖。

▲ 2019年 广州 粤剧艺术博物馆

粤剧文化是广州人最为深远的文化记忆之一。为保护和传承粤剧艺术，广州市政府于荔湾老城区恩宁路建成粤剧艺术博物馆。习近平总书记考察广东时亦曾走进该馆了解粤剧艺术传承和保护情况，令大众再次关注非遗活化。现在每天有不少市民游客前来参观游览，观看粤剧表演，亲身感受粤剧的艺术魅力。

▲ 2019年　广州　永庆坊微改造

随着习近平总书记在广东考察调研的足迹来到广州，充满广州西关风情的永庆坊旧城微改造项目受到各方关注。李小龙故居等一批历史文化建筑重现生机，丰富多彩的文体活动也纷纷聚集此地。

▲ 2020年 潮州 牌坊街

牌坊街是潮州打造历史文化名城的重要组成部分，从忠臣孝子到登科文人，一座座牌坊背后是崇文重教的潮州府。潮州在做好传统文化活化利用的同时，注重保护好历史建筑和文化街区，延续城市文脉，使古城区更有本地鲜明特色。

▲ 2019年 惠州 留住畲语

畲语被联合国教科文组织列为“极度濒危语言”，世界上现有使用者已不足1000人。“留住畲语，活化畲村”作为一项少数民族文化保育项目自2015年10月开始，推动一批畲语教材走入畲族小学课堂，激发孩子们对本土文化的认同。

▲ 2019年　深圳　开学启蒙礼

互正衣冠，朱砂启智，书写人字……深圳福田莲花小学举行新生入泮礼启蒙仪式，一年级老师为学生眉心点朱砂，寓意为朱砂启智，祝福学生从此眼明心明，好读书，读好书。

▲ 2020年　广州　文化年货

在2020元旦活动的现场，家长带着小朋友在体验区与非遗传承人一起印制佛山木版年画，其乐融融。

▲ 2020年 斗门 文明实践中心开课

珠海斗门率先打造新时代文明实践中心，开设一系列文化课程，大力推广传统民俗。图为在文化手工坊活动上，讲师向学生们介绍传统版画。

▲ 2016年 河源 送戏下乡

乡村文化建设是新农村建设中的重要组成部分。近年来，多种多样的传统文化活动走进乡村，丰富了当地群众的精神文化生活。其中，接地气的民俗表演更受广大群众的喜爱。图为孩子老人一同观看传统木偶戏表演。

▲ 2018年 汕头 文化活动下乡村

以文化建设助力乡村振兴。各类本地特色文化展览与当地乡村历史建筑结合，吸引当地民众前往观看，带来了精彩纷呈的文化盛宴，使乡村焕发文明新气象。

▲ 2020年 东莞 文化名村助振兴

东莞南社明清古村拥有珠三角最大的明清古建筑群，近年来该村以其古色古韵的水乡特色景观，大力发展乡村旅游业，为村集体增加了250多万元的经济收入。2019年入选首批“全国乡村旅游重点村”。

服务惠民

改革开放以来，广东人民衣食住行等方面的巨变，就是一部城市生活变迁史。党的十九大报告指出，增进民生福祉是发展的根本目的。新时代，广东省委、省政府对民生建设提出了新目标，城市生活的点滴变迁，都在向实现人民“学有所教、劳有所得、病有所医、老有所养、住有所居”目标逐步迈进。

▲ 2017年 广州 上下九步行街

上下九步行街的历史可追溯到清末民初，从小巷到商业街，再到“广州第一步行街”，它曾经是商业潮流的代表，囊括了广州人的衣食住行各方面的商业项目。

TOYOTA
TOYOTA

◀ 2015年 广州 马拉松开跑

12月6日，第四届广州马拉松赛在花城广场鸣枪开赛，来自各个地区的选手从起点花城广场正式开跑。

▲ 2019年　云南　背篓医生

来自广东珠海的管延萍身穿白大褂，背着背篓，梳着简单的麻花辫，行走于悬崖峭壁间，前往乡村为村民看病。她从经济发达的珠三角地区，自愿到深度贫困地区参加东西部扶贫协作。

▲ 2020年 连州 乡村广场舞

夜幕下，清远连州联一村朝阳文化广场又焕发活力，村里的妇女穿着统一的服装在祠堂前跳起了广场舞，吸引许多村民前来观看。

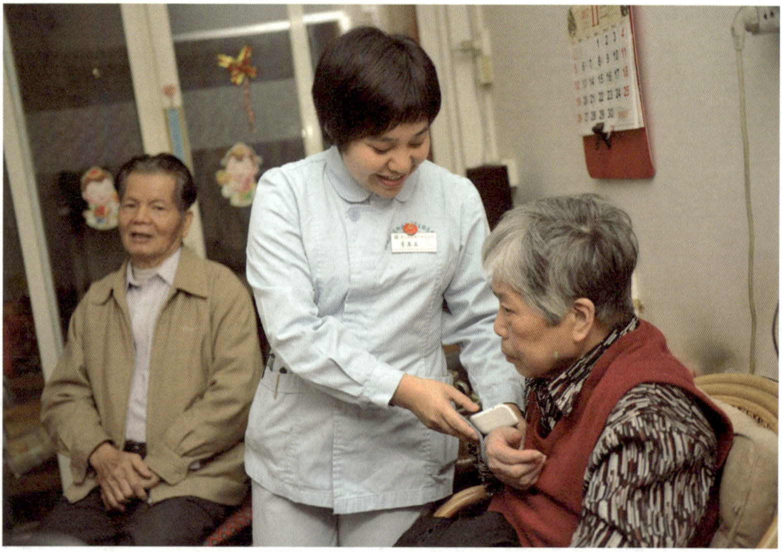

▲ 2017年　佛山　家庭医生上门诊治

佛山禅城朝阳医院陈三妹作为社区卫生服务中心的家庭医生，上门对老人进行探访和医治，为需要看病又不便出行的市民提供便利。

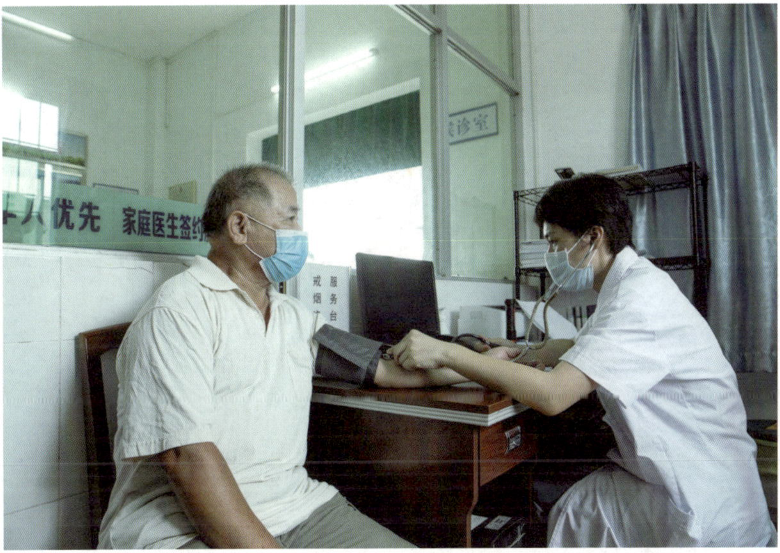

▲ 2020年 花都 一元钱看病

广州花都历经基层医疗卫生的十年改革接力，实现当地农村卫生站的蝶变，村民足不出村就能诊治常见病、多发病。村民到村卫生站看病，仅付一元挂号费，即可免费领取门诊报销目录范围内的药品。“一元钱看病”模式的逐步覆盖，为解决村民看病难、看病贵难题提供有力保障。

▲ 2017年　潮州　厕所旁的工夫茶

“厕所革命”是一项民生工程，为市民提供便利，亦是潮州创文惠民工作的一大亮点。市民甚至可以在公共厕所旁喝茶聊天，悠闲自在。

▲ 2017年 广州 共享单车

共享经济逐渐覆盖生活的方方面面，“万物皆可共享”的理念越来越深入人心。共享单车成为解决广州上班族上班“最后一公里”的代步工具。

▲ 2017年　江门　24小时自助图书馆

江门蓬江七间24小时自助图书馆正式开馆迎客，让文化惠及更多市民。24小时自助图书馆的建设，让更多人加入读书的行列，让阅读在人民生活中变得触手可及，不断激发其阅读热情。

▲ 2018年 东莞 iPad课本

东莞大朗镇推进“互联网+教育”改革，投入5690万元对镇内信息化教育基础设施进行了升级更新，范围涵盖全镇15所公办中小学，实现了公办慕课试点学校全覆盖。

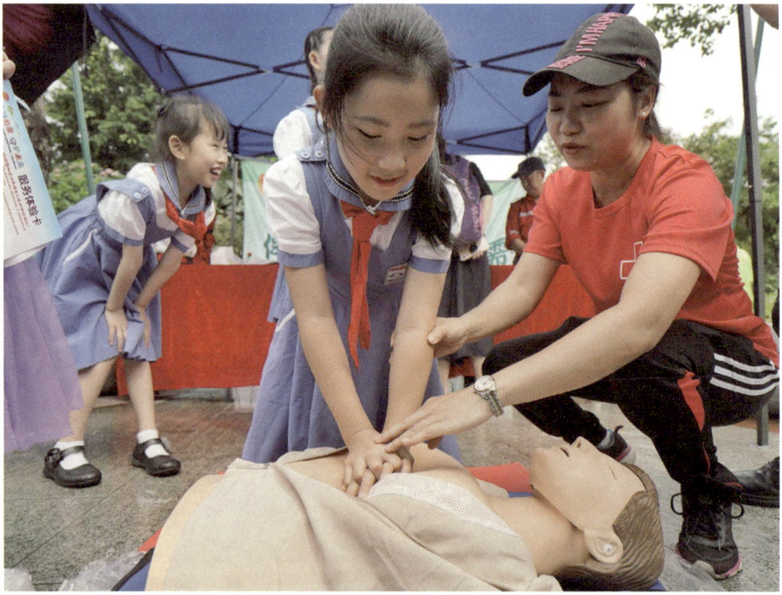

▲ 2017年　广州　未成年人保护宣传周

自《广州市未成年人保护规定》出台后，每年5月的最后一周即为广州市未成年人保护宣传周。通过百场公益活动，家长、孩子了解不同领域关于未成年人保护的专业知识，共同守护广大青少年儿童的美好未来。

▲　2020年　深圳　婴幼儿照护服务

随着“全面二孩”政策的放开，解决婴幼儿“照护难”问题成为保障和改善民生的重要内容。深圳自2020年起先行一步将婴幼儿照护服务纳入经济社会发展规划，启动普惠性托育机构建设，引导社会各方力量提供安全规范的托育服务。

▲ 2018年　珠海　社区居民议事会

随着社区建设体制的转换，社区工作重心逐步下移，大量的城市管理事务、社会服务职能落到了居委会。在居民议事会上，任何大小事情，社区居民都积极建言献策，真正实现基层自治、权为民用。

▲ 2020年 清远 乡村防疫宣传

自新型冠状病毒感染的肺炎疫情暴发以来，村和社区是与人民群众距离最近的对接点，大喇叭、宣传车进入清远清城镇村、社区防控一线，引导群众正确防控，共筑防疫长城。在清城石角镇石岐村，村干部开着多功能宣传车深入村头巷尾，用亲切的本地话向村民播报疫情防控知识。

▲ 2019年 惠州 老人学钢琴

惠州惠城不断推进养老福利服务体系建设，志愿者们到各养老机构关注老人晚年生活。图为志愿者在惠城综合福利院教老人家弹钢琴，让他们在晚年迎来了属于自己的艺术人生。

▲ 2019年　连南　乡村志愿者

广东电网清远连南供电局组织开展“扶贫扶志”第三期志愿活动。志愿者走进乡村，为当地群众送去暖心问候。图中志愿者正在教小朋友唱《我和我的祖国》。

生态宜居

“绿水青山就是金山银山”。广东作为全国经济第一大省，享受着工业快速发展带来的经济红利，也面临着因此而埋下的自然环境隐患。生态兴则文明兴，新时代广东绿化行动启动以来，广东省委、省政府实行减排、植绿、治污等一系列绿色发展措施，为实现“推窗见绿、万里碧道”的庄重承诺、创建美丽生态宜居城市的目标努力奋进。

▲ 2018年 罗定 长岗坡渡槽

被誉为“广东红旗渠”的云浮罗定长岗坡渡槽，每年将近4亿立方米的太平河、罗镜河河水“横空”运输至金银湖水库，灌溉着8万多亩农田，为城区及乡镇55万人提供生产生活用水，使罗定盆地成为岭南粮仓。

▲ 2017年　深圳　海誓“珊”盟

每逢6月8日世界海洋日，深圳盐田会向全省公开募集海洋生态环保文明志愿者。通过培训后，文明志愿者可集中参加梅沙湾海底珊瑚的种植和保育，一边享受潜水的乐趣，一边用行动保护海洋生态。

▲ 2018年 珠海 港珠澳大桥与成年白海豚

一只成年中华白海豚突然跃出海面，不远处正是雄伟的港珠澳大桥。“大桥通车，白海豚不搬家。”为保护中华白海豚，工程耗资约3.4亿元在大桥施工方案中融入了生态环保的元素，降低工程对海洋水文动力和生物资源的不利影响。港珠澳大桥主体工程完工后，被识别到的白海豚数量增加了，实现了海洋环境“零污染”和白海豚“零伤亡”的目标。

▲ 2013年　珠海　风车岛

横琴拥有丰富的自然风能资源，脑背山风车岛的21台重百吨的大风车每年发电量可达2700多万千瓦时，每年可帮助节约1.1万吨标准煤，是珠海迈入绿色能源时代的象征。

▲ 2014年 佛山 光能开发

广东地区光照充沛，巨量的太阳能资源亟待开发。如今太阳能已走入人们日常生活的方方面面，是煤炭、石油等传统能源的最佳替代能源。图为技术人员正在屋顶安装光伏发电面板。

▲ 2019年 仁化 悬崖环卫工

在丹霞山美景背后，有着一群默默付出的悬崖环卫工，以绳索为生命安全线，常年悬在峭壁之上，不遗余力清理山崖间突兀的垃圾，为游客留下一片完美的赤壁丹崖。

▲ 2020年 深圳 巡河护卫队

坪山护河志愿服务队开展巡河打卡，清理河流两岸边角垃圾，对污水乱排放现象进行“随手拍、随时报”等护河行动。

▲ 2013年　深圳　福田河治理

曾经的福田河水质恶臭，鱼虾灭绝。深圳开展河流污染综合整治后，加上有针对性的综合治理，福田河已成为市民亲水、赏水的景观河。

▲ 2017年 广州 东濠涌整改

自2009年东濠涌整治开始，广东省下决心走上了治水之路。东濠涌的成功经验更为各地治污提供了可资借鉴的典型。

▲ 2018年　汕头　练江治污

练江的污染由来已久，自中央环保督察组在练江流域“回头看”后，各方力量“拧成一股绳”，共同为练江治理贡献力量，“拯救母亲河”的理念在一次次治污行动中逐渐深入民心。

▲ 2020年 汕尾 乡村儿童戏水

汕尾螺洞村着重改善乡村水体环境，经过治理后的螺洞河干净清澈，孩子们在水中嬉戏。从几年前的破败村落，到如今成为远近闻名的国家3A级旅游景区、全国乡村旅游重点村，螺洞村的实践证明乡村人居环境与其变化发展息息相关。

▲ 2020年　广州　空中云道

广州云道于五一假期正式开放，市民可以从传统城市中心的中山纪念堂、越秀公园、花果山步行到达麓湖，8公里云道风景美如画。

▲ 2016年 惠州 幸福海岸线

惠州大亚湾依托优越的海洋生态，因地制宜建设各具特色的滨海风光旅游区，通过配套中心公园、沿海绿道等基础设施，将其串联成带，积极打造具有山海融合特色的城市生态空间。绵延的海岸风光，是美丽环境向美好宜居生活转化的幸福之景。

◀ 2013年 中山 乡间小路

中山力图打造连接城市和村镇的绿色走廊。沿金钟湖的绿道骑行，城市绿道与乡村相连，最大限度地利用原有地貌，可享受纯真的自然风光。

▲ 2020年　广州　鸟类风景线

冬季候鸟南飞，广东省各大湿地公园、滩涂地、海岸线等迎来了大批候鸟落脚歇息，为冬日的湿地增添了一道亮丽风景线。南沙湿地是候鸟的重要迁徙驿站之一，大量候鸟飞来此地补充能量或者停留越冬。

特区新貌

兴办经济特区，是党和国家为推进改革开放和社会主义现代化建设进行的伟大创举。广东是建立经济特区时间最早、数量最多的省份。40年春风化雨，40年春华秋实，深圳、珠海、汕头三个经济特区解放思想、先行先试，谱写了勇立潮头、开拓进取的壮丽篇章，创造了让世界刮目相看的伟大奇迹。如今特区新貌生机勃勃，正努力续写更多“春天的故事”。

▲ 2020年 深圳 莲花山公园

10月14日，深圳经济特区建立40周年庆祝大会在广东省深圳市隆重举行。当天下午，习近平总书记来到莲花山公园，向伫立在山顶的邓小平铜像敬献花篮。改革不停顿，开放不止步。在新时代，深圳继续发扬敢闯敢试、敢为人先、埋头苦干的特区精神，紧抓建设粤港澳大湾区和建设中国特色社会主义先行示范区“双区驱动”的历史发展机遇，努力成为具有世界影响力的创新创意之都。

▲ 2020年 深圳 盐田港

作为深圳走向世界的重要“海上门户”，盐田港是世界集装箱吞吐量最大的港口之一，是深圳实行改革开放、积极主动融入经济全球化的一个缩影。从边陲落后的小渔村到现代国际化大都市，深圳经济特区经过40年的建设，坚持“引进来”“走出去”，助力深化改革，推动全方位、高水平的对外开放。

▲ 2020年 深圳 深港科技创新合作区

科技是第一生产力，创新是引领发展的第一动力。深港科技创新合作区得益于作为深港交会处的独特区位，具有“跨境、跨制度、跨关税区”的独特优势。以深港科技创新合作区为中心，一批高端科研机构和组织平台汇集于此，一个面向未来的国际科技、产业创新中心初现雏形。

▲ 2018年　珠海　港珠澳大桥

一桥连三地，天堑变通途。港珠澳大桥的创新技术和先进工艺创下多项“世界之最”，被英国《卫报》评为“新世界七大奇迹”之一。港珠澳大桥的通车运营，让珠海成为内地唯一同时与香港、澳门陆路相连的城市，珠海的区位优势进一步凸显。

▲ 2020年　珠海　横琴新区

40年沧桑巨变，珠海经济特区从落后的边陲小镇发展为如今的现代化花园式海滨城市，成为我国改革开放的“重要窗口”“排头兵”“试验田”。《粤港澳大湾区发展规划纲要》提出，要把珠海横琴建设成为粤港澳深度合作示范区。横琴新区深耕改革试验田，经过十年的建设，已成为珠海发展的新动能。

▲ 2020年　汕头　小公园

小公园是汕头老城区的核心地域和文化标志。过去有很多潮汕人下南洋讨生活，发达后总会回来参与家乡建设。在侨商的影响下，形成了独特的侨乡城镇的建筑风格，小公园骑楼街则是其中的代表。40年来，汕头依托华侨资源，开创性地打造出一批“全国首创”和“全国率先”，闯出了一条具有自身特色的特区建设之路。

▲ 2020年 汕头 东海岸新城

作为我国著名的侨乡，汕头实施“以侨引侨、以侨引外、以外引外”的外向型经济发展战略，打造全国唯一一个以“华侨”为主题的国家级改革创新平台——华侨经济文化合作试验区，正处于建设中的东海岸新城便是其重要组成区域之一。东海岸新城建设将汕头从内海城市转变为外海城市，推动汕头城市化进程与经济的高速发展。

▲ 2020年 深圳 市区新貌

40年来，经济特区的城市面貌发生了翻天覆地的变化。“深圳等经济特区的成功实践充分证明，党中央关于兴办经济特区的战略决策是完全正确的。经济特区不仅要继续办下去，而且要办得更好、办得水平更高。”前行的脚步铿锵，创新的动力澎湃，深圳、珠海、汕头经济特区以新作为新担当决战决胜全面建成小康社会，为全面建设社会主义现代化国家、实现第二个百年奋斗目标作出新的更大的贡献。

鸣 谢

本书图片由多家供图单位和众多摄影家提供，受到各方的倾力支持和帮助，谨此鸣谢。供图名单如下，如有遗漏，请相关版权所有者与我社联系，以便支付稿酬。

南方日报
城市画报
广东省摄影家协会
Fotoe

（以下名单按姓氏拼音排序）

安 哥	卞德龙	蔡秀娟	曹桂平	陈 冲	陈汉添	陈浩斌	陈嘉顺	陈 军
陈穗林	戴嘉信	邓巴烽	邓东方	邓嘉琪	邓小川	董天健	符超军	高汉江
谷立辉	顾展旭	关铭荣	何华景	何 进	何 俊	何异能	何勇当	胡念飞
黄伟英	黄一鸣	江式高	郎树臣	雷阳亮	黎锐明	李长虹	李楚城	李凤祥
李 琳	李文卉	李细华	李先强	连志城	梁大全	梁维春	梁文祥	林春华
刘洪群	刘晓明	刘应林	鲁 力	马 卡	潘伟珊	戎飞腾	石宝琇	石 磊
宋布军	宋羽琛	苏仕日	孙俊杰	汪良波	王昌辉	王国荣	王 辉	王良珏
王 亮	王 荣	王文澜	王云霞	闻 子	吴 明	吴伟洪	吴耀东	席 湖
肖 雄	萧亮忠	徐 滔	薛龄燊	严 亮	杨泽林	姚志豪	叶健强	叶远鸿
游 坚	袁钜濂	曾亮超	占有兵	张 迪	张广洋	张烈华	张申生	张晓菲
张由琼	张梓望	郑一见	钟 盛	周华东	周顺斌	朱洪波	朱健兴	庄建明

编者
2020年11月